Todo sobre la sucesión
y el testamento

Miquel A. García Esteve

TODO SOBRE LA SUCESIÓN LA SUCESIÓN Y EL TESTAMENTO

dve
PUBLISHING

A pesar de haber puesto el máximo cuidado en la redacción de esta obra, el autor o el editor no pueden en modo alguno responsabilizarse por las informaciones (fórmulas, recetas, técnicas, etc.) vertidas en el texto. Se aconseja, en el caso de problemas específicos —a menudo únicos— de cada lector en particular, que se consulte con una persona cualificada para obtener las informaciones más completas, más exactas y lo más actualizadas posible. EDITORIAL DE VECCHI, S. A. U.

Colección dirigida por David Siuraneta Pérez, abogado colegiado.

© Editorial De Vecchi, S. A. 2018
© [2018] Confidential Concepts International Ltd., Ireland
Subsidiary company of Confidential Concepts Inc, USA
ISBN: 978-1-64461-149-4

Índice

INTRODUCCIÓN 9

LA SUCESIÓN 11
Sistemas sucesorios 11
Precedentes históricos 13
El contenido de la herencia 14
La sucesión *mortis causa* 15
  ¿Cuándo empieza la sucesión? 16
  Tipos de sucesión por causa de muerte 17

EL HEREDERO 19
La capacidad para suceder 20
La incapacidad para suceder 21
  La indignidad 22
Aceptación y repudiación de la herencia 23
  La aceptación de la herencia 24
  La repudiación de la herencia 27

PARTICIÓN Y COLACIÓN 31
Legitimación para dividir y realizar la partición 32
  ¿Quién puede realizar la partición? 32
El acto particional 33
  Inventario del caudal relicto 34

Avalúo o tasación. 34
Liquidación 34
Adjudicación 34
Efectos de la partición. 35
La colación 35
Requisitos de la colación 36
Forma de practicar la colación. 36
Efectos de la colación 38
El derecho de acrecer 38
Solidaridad de la delación 40
Vacante de la persona 40

LA SUCESIÓN TESTADA 41
El testamento 41
Clases de testamento. 43
El testamento hológrafo. 43
El testamento abierto 45
El testamento cerrado 48
Los testamentos especiales 50
El testamento militar. 50
El testamento marítimo. 51
El testamento otorgado en país extranjero. 51
La ineficacia de los testamentos. 53
Causas de nulidad del testamento 53
Los efectos de la nulidad del testamento. 55
La caducidad del testamento. 56
La revocación del testamento 57
El heredero 58
Requisitos para ser heredero 58
La acción de petición de herencia 59
El legado de parte proporcional. 61
Condición, término y modo. 61
Las sustituciones 65
La sustitución vulgar 65
La sustitución fideicomisaria 66
La sustitución pupilar 67

La sustitución ejemplar 68
El legado 70
Objeto y clases de legado. 70
Orden de preferencia entre legatarios 77
Las garantías del legado. 78
Invalidez e ineficacia del legado. 78
El pago de los legados 79
Responsabilidad del legatario. 79
La legítima. 81
Antecedentes y naturaleza de la legítima 81
Concepto de legítima. 83
La legítima en el Código Civil español. 84
Los legitimarios 85
La obligación de la legítima 86
Cuantía y pago de la legítima. 87
Cuantía de la legítima 89
La conmutación del usufructo viudal. 93
La mejora 94
Los sujetos de la mejora. 95
Clases de mejoras 96
Objeto de la mejora. 97
Aceptación y repudiación de la mejora. 98
La preterición 99
Requisitos de la preterición 100
Efectos de la preterición 100
Derecho de representación 101
La desheredación. 102
Causas de desheredación. 103
Los efectos de la desheredación 105

LA SUCESIÓN INTESTADA. 107
Precedentes históricos 107
Supuestos de sucesión intestada 108
Órdenes de suceder. 110
Las clases. 110
Las órdenes 110

Órdenes de suceder en el Código Civil a falta
de testamento 112
Parientes en línea recta 112
EL IMPUESTO SOBRE SUCESIONES Y DONACIONES 121
Objeto del impuesto 121
Hecho imponible. 122
Sujetos pasivos. 122
Base imponible: valoración de los bienes. 122
Deducciones 124
Cargas deducibles 124
Deudas deducibles 125
Gastos deducibles 125
Comprobación por la Administración de los valores
de los bienes y derechos transmitidos 126
Base liquidable 126
Reducciones aplicables a los parientes. 127
Tarifa del impuesto 128
Cuota tributaria. 128
Liquidación del impuesto 130
Documentación requerida por la Administración 130

APÉNDICE. MODELOS DE TESTAMENTO 133

GLOSARIO 149

ÍNDICE ANALÍTICO 157

Introducción

Si bien el derecho de sucesiones se considera una materia propia, cuando no exclusiva, de los juristas, académicos y profesionales del derecho, conviene que sea conocido por la mayoría de los ciudadanos dada la importancia que tiene en nuestras vidas, puesto que a todos, a corto o largo plazo, va a afectarnos directa o indirectamente.

Esta obra pretende mostrar al público en general, y en particular a las personas no especializadas en derecho, una visión actualizada del derecho de sucesiones en España. Para ello se explica de una forma clara y concisa la forma de suceder cuando existe testamento por parte del causante o, en su defecto, la sucesión intestada, cuando el fallecido no dejó testamento o legado alguno antes de su muerte.

Todos sabemos lo importante que es esta materia en nuestra vida y en el momento de nuestra muerte.

El primer caso se pone en evidencia en nuestra condición de herederos, al ser hijos, sobrinos, hermanos o amigos, cuando nuestro padre, tío, hermano o amigo nos instituye o declara como tales en su testamento o, en el supuesto de que aquel no hubiera dejado documento alguno, en nuestra condición de herederos forzosos por parentesco en la sucesión no testamentaria. En este supuesto, nos encontramos ante la situación de ser sujetos pasivos en la medida en que somos los receptores y beneficiarios de un patrimonio o de unos bienes y derechos que nos son transmitidos.

El segundo sucede en el momento en que fallecemos y pasamos a ser el sujeto activo del negocio jurídico de la sucesión. Instituimos como herederos o legatarios a nuestros descendientes, al cónyuge, los parientes más próximos o los amigos, siendo estos los beneficiarios de nuestra herencia.

Por otra parte, es necesario tener en cuenta que la sucesión es utilizada por el Estado como un mecanismo de distribución de la riqueza mediante dos sistemas de recaudación. El primero se da cuando no existen familiares con derecho a la sucesión y el causante no ha dejado testamento, y el patrimonio de este pasa a ser propiedad del Estado. El segundo tiene lugar mediante la aplicación del impuesto que grava la sucesión, de tal forma que una parte del patrimonio del causante revierte en la comunidad: el impuesto sobre sucesiones y donaciones es progresivo, ya que grava más a aquellos que más tienen.

Al final de la obra, se nos muestran en un apéndice diferentes modelos de testamento y de aceptación de herencia.

Esperamos que esta obra sea de gran utilidad para todos los lectores.

La sucesión

La muerte de una persona inicia el proceso sucesorio, con independencia de si su patrimonio era más o menos importante o de si se llega a constatar que carecía absolutamente de él.

Una de las ramas más importantes del Derecho Civil es la del Derecho Sucesorio, que ha sido tratado y regulado por todas las civilizaciones a lo largo de la historia.

El Derecho Privado, al tener que regular la suerte de las relaciones jurídicas de una persona fallecida, ha de atender a una serie de circunstancias concurrentes como los bienes y las deudas que deja la persona fallecida, los parientes más próximos, la última voluntad de la persona, etc. Todas estas circunstancias, contempladas por el Derecho Sucesorio, son objeto de análisis en esta obra. Cuando una persona cede su patrimonio después de su muerte, nos encontramos ante la sucesión por causa de muerte o sucesión mortis causa, que pasamos a examinar a continuación.

Sistemas sucesorios

En los distintos ordenamientos de los países de nuestro entorno, existen diversas clases de sucesión mortis causa por razón de su origen: la sucesión testada (por testamento), la sucesión intestada o forzosa y la sucesión contractual, no admitida en nuestro derecho.

Ordenamiento español

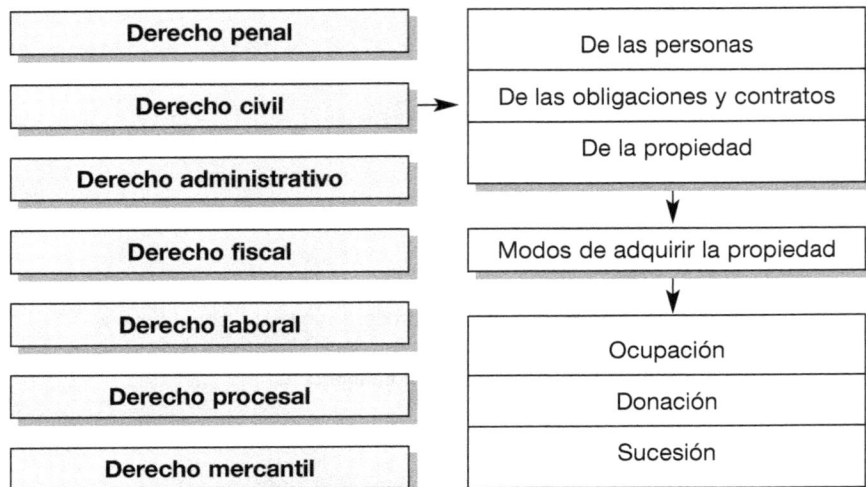

| Derecho penal |
| Derecho civil |
| Derecho administrativo |
| Derecho fiscal |
| Derecho laboral |
| Derecho procesal |
| Derecho mercantil |

→

De las personas

De las obligaciones y contratos

De la propiedad

↓

Modos de adquirir la propiedad

↓

Ocupación

Donación

Sucesión

Sistemas sucesorios

Sucesión testada	Sucesión intestada o forzosa	Sucesión contractual
Tiene lugar cuando la sucesión se fundamenta en el testamento que la ha hecho causante.	Tiene lugar cuando el causante no ha hecho testamento o, en el caso de haberlo hecho, no llega a aplicarse. La ley dispone a quién corresponde la herencia y quiénes son los herederos.	A falta de testamento, supone la existencia de un convenio o contrato sobre la herencia futura. Esta modalidad no la admite el derecho español.

Por lo tanto, tal y como dispone el artículo 658 del Código Civil, la sucesión intestada tiene lugar cuando el difunto no ha dejado testamento, siendo llamados los herederos por disposición de la ley.

La sucesión intestada puede coexistir con la testada cuando esta no comprende el total haber hereditario del causante, de tal forma que la herencia podrá concederse en una parte por voluntad del testador y, en otra, por disposición de la ley. Sin embargo, no sólo se da cuando no hay testamento, sino también cuando, aun existiendo, este no llega a aplicarse por premoriencia o repudiación del heredero instituido en el testamento, tal y como veremos más adelante.

Precedentes históricos

En el derecho romano, la sucesión testada tuvo enorme importancia y fue objeto de una minuciosa regulación. Menos trascendencia tuvo la sucesión intestada. En el derecho germánico, por el contrario, el destino de los bienes venía predeterminado por la ley, basado más en el derecho de familia que en el derecho de sucesiones, por lo que apenas tuvo importancia la sucesión testada.

En el derecho castellano medieval, la sucesión intestada permaneció a través de muchos siglos sin modificaciones esenciales en sus líneas generales: en el supuesto de que el causante no hubiera dejado testamento, la ley llamaba a la sucesión a los descendientes legítimos, a los ascendientes y a los parientes colaterales, en este orden.

No fue hasta la promulgación de la Ley de Mostrencos de 1835 cuando en España se introdujo un conjunto de novedades que han regido hasta la fecha, entre las que cabe destacar la llamada a herencia del cónyuge y de los hijos naturales reconocidos. Además, en defecto de parientes directos y colaterales, el Estado pasaba a adjudicarse la herencia del causante.

Asimismo, también cabe destacar la Ley de 4 de julio de 1970, que modificó la sucesión intestada de los hijos adoptivos. De este modo, se reconoció el derecho de los hijos adoptivos a la legítima. Sin embargo, ha sido la Ley de 13 de mayo de 1981 la que más reformas ha introducido en la sucesión intestada desde que se promulgó el Código Civil, que constituye la regulación hoy vigente y que en el transcurso de esta obra iremos analizando.

El contenido de la herencia

El contenido de la herencia es la totalidad del patrimonio del causante como universalidad, formada por el conjunto de relaciones jurídicas activas y pasivas de las que era titular, siempre que no se extingan por su muerte.

La herencia comprende todos los bienes, derechos y obligaciones que no se extinguen por la muerte.

El artículo 659 del Código Civil establece: «La herencia comprende todos los bienes, derechos y obligaciones de una persona que no se extingan por su muerte».

Por lo tanto forman el contenido de la herencia los siguientes elementos.

a) Los derechos patrimoniales. La regla general de los derechos patrimoniales es su capacidad de transmisión y, por tanto, la posibilidad que formen parte de la herencia. No son transmisibles los derechos personalísimos (como los derechos de uso y habitación), y los que se extingan por la muerte de su titular (como puede ser el usufructo).

b) Obligaciones patrimoniales. El heredero adquiere el patrimonio del causante en su totalidad, lo cual comprende, además del activo, también el pasivo, es decir, las obligaciones contraídas por este, a no ser que se extingan con la muerte del deudor.

c) Derechos extrapatrimoniales. También forman parte del contenido de la herencia algunos derechos no patrimoniales: así, el derecho moral del autor, la acción de calumnia e injuria y otros, que son derechos que, una vez muerto el testador, la ley atribuye a los herederos.

Sin embargo, existen otros derechos que no integran el contenido de la herencia. Son los siguientes:

a) Los derechos de la personalidad. El derecho al nombre y apellidos, el derecho al honor, imagen e intimidad personal, el derecho a la libertad

14

y a la vida. Sí que son transmisibles las acciones para obtener un resarcimiento de los daños causados a los derechos personales.

b) Los derechos de familia. No se incluyen en el contenido de la herencia y no son transmisibles mortis causa; si bien no cabe duda respecto a los derechos personales derivados del matrimonio e incluso los de carácter económico. Así, la patria potestad conjunta o el derecho de alimentos deviene única en cabeza del cónyuge sobreviviente, no por haber recibido por herencia su parte del cónyuge premuerto, sino por disposición legal.

c) Los derechos de carácter público. Aquellos derechos que corresponden a la persona por su cualidad de miembro de la comunidad se extinguen por su muerte sin que se integren en la herencia. Tal es el caso, por ejemplo, de los derechos políticos, como el de sufragio o elección, y el de los administrativos, como la posesión de un cargo.

Hay algunos derechos especiales que son atribuidos por la ley a determinadas personas a la muerte de su titular, pero sin formar parte del contenido de la herencia. Así ocurre con los títulos nobiliarios y los derechos de relevo en los contratos de arrendamientos, en los cuales las leyes regulan su atribución a personas (cónyuge, hijos, etc.) unidas con ciertos vínculos con el fallecido.

También tenemos otros derechos que se constituyen por muerte de una persona. Son los siguientes:

— el derecho de indemnización por la muerte de una persona, constituido a favor del heredero o perjudicado aunque no sea el heredero;
— el derecho a percibir pensiones de viudedad u orfandad, que son atribuidas al beneficiario prescindiendo de la herencia y de quién sea el heredero;
— el capital objeto de un contrato de seguro que percibe un beneficiario excluido de la herencia.

La sucesión mortis causa

La sucesión se produce cuando una o varias personas asumen la titularidad del patrimonio de otra que fallece. La sucesión es un fenómeno social y jurídico desde el momento en que el causante cede todo su patrimonio a sus herederos y legatarios.

La sucesión permite la continuación de las relaciones jurídicas del fallecido.

Cuando el causante ha fallecido habiendo dejado testamento, se habla de sucesión voluntaria o testamentaria. Por el contrario, cuando el fallecido no ha dejado testamento, se habla de sucesión abintestato o intestada.

El fundamento de la sucesión por causa de muerte responde a la necesidad de que exista una continuación en las relaciones jurídicas del fallecido. Si la muerte de una persona supusiera la extinción de las relaciones jurídicas que tenía el difunto se produciría una grave inseguridad en la vida jurídica, ya que se extinguirían los créditos y las deudas, lo cual beneficiaría a los propietarios y deudores y perjudicaría a los acreedores.

¿Cuándo empieza la sucesión?

Se denomina causante a la persona cuyo fallecimiento causa el fenómeno sucesorio.

La apertura de la sucesión se produce en el momento del fallecimiento del causante. En dicho momento, el patrimonio del fallecido se ha quedado sin titular y se hacen efectivos los llamamientos a la herencia, los cuales pueden haber sido realizados por el testador (sucesión testamentaria) o en su defecto por la ley (sucesión abintestato). Como veremos más adelante, los llamados a la sucesión tienen la facultad de aceptar o repudiar la herencia, la cual recibe el nombre de delación. A diferencia de otros países de nuestro entorno, en España, la herencia no se adquiere automáticamente, sino que requiere el acto previo de la aceptación del llamado a suceder. La aceptación implica la asunción de la condición de heredero y determina la adquisición de la herencia.

Desde un punto de vista social, la sucesión supone un mecanismo de distribución de la riqueza: cuando no existen familiares con derecho a la sucesión y el causante no ha dejado testamento, su patrimonio (el caudal relicto) pasa a ser propiedad del Estado. También se canaliza parte del patrimonio del causante hacia la comunidad mediante el sistema del impuesto que grava la sucesión: el impuesto sobre sucesiones y donaciones es un impuesto progresivo, por lo que su importe aumentará proporcionalmente según el valor del patrimonio y en la medida en que el grado de parentesco del heredero sea más lejano respecto al causante. Más adelante veremos la relación del grado de parentesco con la aplicación del impuesto.

Tipos de sucesión por causa de muerte

Puede clasificarse la sucesión mortis causa según el origen de la sucesión y el objeto sobre el que recae la misma, por lo que se hablaría de sucesión voluntaria y sucesión legal, y sucesión particular y sucesión universal.

SUCESIÓN VOLUNTARIA Y SUCESIÓN LEGAL

La sucesión voluntaria o testamentaria es aquella en la que el difunto ha designado libremente la persona del sucesor o sucesores, ya que según el artículo 658 del Código Civil, «la sucesión se defiere por la voluntad del hombre manifestada en testamento y, a falta de este, por disposición de la ley».

La sucesión es legal o abintestato cuando el causante no ha manifestado su voluntad y esta es sustituida por la ley. Cuando el causante fallece sin haber dejado testamento, nuestro ordenamiento prevé quién debe heredar sus bienes y derechos.

SUCESIÓN UNIVERSAL Y SUCESIÓN PARTICULAR

El heredero sucede a título universal. Nuestro Código Civil, en su artículo 660, dispone que el heredero será quien suceda a título universal, y el legatario quien lo haga a título particular. Sin embargo no define qué significa suceder a título universal y particular.

La herencia, como ya hemos dicho, viene constituida por el patrimonio total del causante en el momento del fallecimiento, es decir, por el conjunto de bienes, derechos y obligaciones que no se extingan por la muerte de la persona.

La herencia constituye, en definitiva, el objeto sobre el que recae la sucesión mortis causa.

El heredero

Existen dos tipos de sucesores: los herederos, es decir, sucesores a título universal que adquieren en bloque el patrimonio del fallecido, y los legatarios, es decir, sucesores a título particular que adquieren algún bien concreto.

El heredero es el llamado a suceder al causante y además acepta la herencia del mismo.

La herencia comprende todos los bienes, derechos y obligaciones de una persona que no se extingan por su muerte; es pues el objeto de la sucesión mortis causa, y es el patrimonio total del difunto.

El heredero pasa a tener esta condición cuando se suceden las siguientes fases:

a) Fallecimiento del causante. En primer lugar, debe darse la apertura de la sucesión, que tiene lugar a la muerte del causante. El artículo 196 del Código Civil dispone al respecto: «Firme la declaración de fallecimiento del causante, se abrirá la sucesión en los bienes del mismo, procediéndose a su adjudicación por los trámites de los juicios de testamentaría o abintestato, según los casos, o extrajudicialmente». El momento en que se da por fallecido al causante tiene una gran trascendencia en el fenómeno sucesorio porque es precisamente, al abrirse la sucesión, cuando el llamado a la herencia ha de existir para sobrevivir al causante y tener la capacidad para heredarle.

b) Vocación. Una vez abierta la sucesión, se hacen efectivos los llamamientos a la sucesión. Al llamamiento efectivo se le denomina también vocación. Con la apertura de la sucesión, tiene lugar otro momento del fenómeno sucesorio sumamente importante que es la delación. A este poder atribuido al llamado a suceder se le denomina ius delationis o derecho de delación. La delación es la facultad que tienen los llamados a heredar para aceptar o repudiar la herencia.

Si el llamado muere sin aceptar o repudiar la herencia, el derecho de delación que él tenía pasa a sus herederos.

La capacidad para suceder

No todas las personas pueden suceder al causante. El Código Civil establece que podrán suceder por testamento o abintestato los que no estén incapacitados por la ley. De hecho, el artículo 744 dispone: «Podrán suceder por testamento o abintestato los que no estén incapacitados por ley».

A continuación, el mismo texto legal especifica quiénes son los que no pueden suceder y enumera taxativamente a las personas que quedarán excluidas para la sucesión, a pesar de haber sido designados como herederos por el propio causante (se conocen como las incapacidades absolutas). Las personas que no pueden suceder son las siguientes:

— las criaturas abortivas, entendiéndose tales las que no reúnan las circunstancias expresadas en el artículo 30 del Código Civil; sólo se reputará nacido el feto que tuviere figura humana y viviere 24 horas enteramente desprendido del seno materno;
— las asociaciones o corporaciones no permitidas por la ley. El requisito necesario para suceder es simplemente que la persona física y la persona jurídica tengan personalidad jurídica.

Existe una particularidad, en cuanto a la persona física, que es el hecho de favorecer al concebido, todavía no nacido. Al concebido se le tiene por nacido para todos los efectos favorables, siempre y cuando nazca con las condiciones estipuladas en el artículo 30 del Código Civil. Ante la situación de interinidad, al estar la herencia sin ningún titular, el legislador se decantó por proteger la seguridad y administración de los bienes en el tiempo que medie hasta que se verifique el parto, o se sepa con certeza que este no tendrá lugar, ya por haber ocurrido aborto o por que resulte que la viuda no estaba encinta.

En lo que se refiere a las personas jurídicas, la capacidad sucesoria de las mismas es indiscutible siempre y cuando adquieran la personalidad jurídica por constituirse con arreglo a la ley. En el supuesto de una sociedad que no se ha constituido legalmente, no ha podido adquirir personalidad jurídica y por tanto no tiene capacidad para suceder en herencia.

La incapacidad para suceder

Además de las incapacidades absolutas para suceder, que son las mencionadas en el epígrafe anterior, el Código Civil recoge una serie de supuestos que tradicionalmente se consideran como incapacidades relativas, porque contemplan sólo una sucesión concreta y determinada. Estas deben ser objeto de una interpretación restrictiva, en tanto que limitan la voluntad del testador y rigen únicamente en la sucesión testamentaria.

Tales incapacidades son las siguientes:

a) La prohibición impuesta al confesor. No producirán efectos las disposiciones testamentarias que haga el causante durante su última enfermedad en favor del sacerdote al que se hubiese confesado, de los parientes del sacerdote dentro del cuarto grado (más adelante se explican los grados de parentesco) o de su iglesia, cabildo, comunidad o instituto (artículo 752 del Código Civil). Debe considerarse como última enfermedad la que acaba con la vida del testador y bajo cuya influencia estaba cuando se confesó y otorgó testamento.

De este modo, no será válida la disposición testamentaria que X, antes de morir y cuando recibía la extremaunción, realizó en favor del sacerdote Y, con quien se confesó.

b) La prohibición impuesta al tutor. Tampoco será válida la disposición testamentaria del pupilo a favor de su tutor antes de haberse aprobado la cuenta definitiva y la gestión del tutor, aunque el testador muera después de su aprobación, salvo que el tutor sea su ascendiente, descendiente, hermano, hermana o cónyuge (artículo 753 del Código Civil).

En consecuencia, el señor X no puede dejar en testamento el inmueble que había heredado de sus padres, valorado en 300.000 euros, a favor de su tutor, el señor Y.

El fundamento de esta prohibición se encuentra en el temor de posibles presiones del tutor sobre el ánimo del pupilo para captar su voluntad e impedirle el ejercicio de la libertad testamentaria.

c) La prohibición impuesta al notario. El testador no podrá disponer del todo o parte de su herencia en favor del notario que autorice su testamento, o de la esposa, parientes o descendientes dentro del cuarto grado, con la excepción de que se les atribuya algún legado de objeto mueble o cantidad de poca importancia con relación al caudal hereditario (artículo 754 del Código Civil).

En virtud de esta decisión, el señor X no puede dejar en testamento a favor del señor Y, notario, quien a su vez ha preparado la escritura del mismo, todo su patrimonio.

d) Persona incapaz. Será nulo el testamento a favor de una persona incapaz. Existen ciertas conductas, legalmente previstas, que determinan la incapacidad para suceder de los llamados a la sucesión, ya sea esta testamentaria o abintestato. Estos son los llamados incapaces por indignidad que nuestro Código Civil enumera expresamente y que pasamos a relacionar a continuación.

La indignidad

Según el artículo 756 del Código Civil, son incapaces para suceder por causa de indignidad, entre otros:

— los padres que abandonen, prostituyan o corrompan a sus hijos;

— el condenado a juicio por haber atentado contra la vida del testador, su cónyuge, descendientes o ascendientes;

— el que hubiese acusado al testador de delito, al que la ley señale pena no inferior a la de presidio o prisión mayor, cuando la acusación sea declarada calumniosa;

— el heredero mayor de edad que, sabedor de la muerte violenta del testador, no la hubiese denunciado a la justicia dentro de un mes;

El heredero considerado indigno no puede suceder al testador.

— el que con amenaza, fraude o violencia impide al testador hacer testamentos, o le obliga a hacerlo, cambiarlo, revocar el que tuviere hecho, o suplantar, ocultar o alterar otro posterior.

El legislador ha entendido que el llamado a suceder que hubiera tenido un comportamiento indigno con el causante no merece heredar los bienes del testador.

Tanto las causas de indignidad como las causas de incapacidad tienen como resultado impedir que el heredero entre en posesión de la herencia.

TESTAMENTO A FAVOR DE LOS POBRES

Debe tenerse en cuenta que el Código Civil dispone en su artículo 749 que las disposiciones hechas a favor de los pobres en general, sin designación de personas ni de población, se entenderán limitadas a los del domicilio del testador en la época de su muerte, si no constare claramente haber sido otra su voluntad.

La calificación de los pobres y la distribución de los bienes se harán por la persona que haya designado el testador, o en su defecto por los albaceas —y si no los hubiere, por el párroco, el alcalde y el juez municipal—, los cuales resolverán, por mayoría de votos, las dudas que se susciten. Esto mismo se hará cuando el testador haya dispuesto de sus bienes a favor de los pobres de una parroquia o pueblo determinado.

Aceptación y repudiación de la herencia

La aceptación y repudiación de la herencia son actos enteramente voluntarios y libres que pueden realizar los futuros herederos.

Asimismo, el aceptar o repudiar la herencia supone el ejercicio del ius delationis (facultad del llamado a aceptar o repudiar la herencia) que ostenta el llamado a suceder, y que trae como consecuencia fundamental la

23

asunción de la cualidad de heredero y la adquisición de la herencia que se le ha deferido (en el caso de aceptar), o la no asunción de la condición de heredero y la no adquisición de la herencia (en el caso de repudiar la misma). Para que la aceptación o repudiación de la herencia sea eficaz, se exige que se haya abierto la sucesión, porque nadie puede aceptar o repudiar sin que conste la certeza de la muerte o declaración de fallecimiento de la persona a quien se vaya a suceder. El artículo 991 del Código Civil dispone: «Nadie podrá aceptar ni repudiar sin estar cierto de la muerte de la persona a quien haya de heredar y de su derecho a la herencia».

Asimismo, como hemos visto con anterioridad, se requiere que el aceptante o repudiante haya sido llamado a la sucesión.

La aceptación de la herencia

La herencia puede ser aceptada pura y simplemente o bien a beneficio de inventario.

La herencia puede ser aceptada pura y simplemente o a beneficio de inventario y, a su vez, la aceptación pura y simple puede ser expresa o tácita. El artículo 992 del Código Civil establece que pueden aceptar o repudiar la herencia todos los que tienen la libre disposición de sus bienes.

FORMAS DE ACEPTACIÓN

La herencia puede ser aceptada expresa o tácitamente. La aceptación expresa es la que se hace en documento de forma pública, ante notario o autoridad judicial o gubernativa, o de forma privada.

No es necesario que la declaración de aceptar esté contenida en un documento especial, es decir, con el fin exclusivo de aceptar la herencia. Lo esencial es que haya declaración expresa sobre la asunción de la cualidad de heredero, y en un documento escrito. (Una declaración verbal ante testigos o recogida por estos por escrito no tendrá valor).

El Código Civil contiene una enumeración no exhaustiva de actos concretos que entrañan necesariamente una aceptación pura y simple de la herencia (artículo 1.000). Los más importantes son los siguientes:

— cuando el heredero vende, dona o cede su derecho a un extraño, a todos sus coherederos o a alguno de ellos;
— cuando el heredero renuncia a la herencia, aunque sea gratuitamente, a beneficio de uno o más de sus coherederos;
— cuando el heredero renuncia a la herencia por un precio a favor de todos sus coherederos indistintamente.

Sin embargo, si esta última renuncia fuese gratuita y los coherederos a cuyo favor se hiciese son aquellos a quienes debe acrecer la porción renunciada, no se entenderá que ha existido una aceptación de la herencia, lo cual es lógico, porque la renuncia no ha intervenido en el destino de la herencia.

Por otra parte, la aceptación tácita es la que se hace por actos que suponen necesariamente la voluntad de aceptar. Es decir, serán aquellos actos positivos (no vale el silencio) que indiquen la intención de querer ser heredero, y de los que se deduzca la aceptación de la herencia. A modo de ejemplo, son actos de aceptación tácita, el haber intervenido como heredero en la adjudicación de los bienes hereditarios del causante a la viuda en pago de sus aportaciones; haber gestionado la liquidación del impuesto de derechos reales; el cobro de créditos hereditarios; el interponer demanda relativa a los bienes relictos.

Sin embargo, aceptación tácita no debe confundirse con los actos de mera conservación y administración provisional de la herencia, que en ningún caso implicarán la aceptación de la misma, salvo que con ellos se hubiera aceptado la cualidad de heredero.

CAPACIDAD PARA LA ACEPTACIÓN

Para aceptar o repudiar una herencia, tal y como hemos manifestado con anterioridad, es requisito indispensable que el llamado a suceder tenga la libre disposición de sus bienes. Se exige por la ley que el futuro heredero tenga plena capacidad de obrar, esto es, esté dotado de las plenas capacidades físicas y mentales para realizar actos de disposición.

El Código Civil fija unas reglas especiales de aceptación o repudiación de la herencia a la que han sido llamados para menores e incapacitados.

LA ACEPTACIÓN DE LA HERENCIA POR MENORES E INCAPACITADOS

Por lo que se refiere a la aceptación de la herencia por parte de menores, se dan los siguientes casos:

— el menor no emancipado puede aceptar o repudiar la herencia, que habrá de ser acordada por ambos padres, salvo que sea uno el titular de la patria potestad;
— el menor emancipado puede aceptar la herencia a beneficio de inventario, puesto que no compromete su patrimonio, siendo discutible la necesidad del consentimiento de sus padres o curador.

En cuanto a los incapacitados, habrá que estar en cada caso a lo que disponga la sentencia de incapacitación, y salvo que esta diga otra cosa, el tutor del incapaz necesitará autorización judicial.

¿PUEDEN LAS PERSONAS JURÍDICAS ACEPTAR UNA HERENCIA?

Nos referimos a la aceptación de una herencia por parte de una persona jurídica, como una asociación, fundación, entidades mercantiles, etc. Nuestro ordenamiento prevé que los legítimos representantes de las asociaciones, corporaciones y fundaciones capaces de adquirir podrán aceptar la herencia que a las mismas se dejare; sin embargo, para repudiarla, necesitan la aprobación del juez. Esta limitación debe entenderse exclusivamente referida a las asociaciones de interés público, ya que sería totalmente ilógico aplicar esta norma a las repudiaciones que pudiera efectuar una sociedad civil o mercantil, que son de naturaleza privada.

En una misma dirección apunta otro precepto de nuestro Código Civil, cuando se refiere a que los organismos públicos oficiales no podrán aceptar ni repudiar la herencia sin la aprobación del gobierno. El artículo 993 establece que los legítimos representantes de las asociaciones, corporaciones y fundaciones capaces de adquirir podrán aceptar la herencia que a las mismas se dejare, aunque para repudiarla necesitan la aprobación judicial, con audiencia del Ministerio Público. Se consideran organismos públicos oficiales las corporaciones o entidades de interés público que sean dependencias administrativas del Estado, comunidades autónomas o municipios. Por consiguiente, se excluyen los establecimientos públicos sufragados con fondos particulares.

Las personas jurídicas (empresas, fundaciones, asociaciones...) pueden ser designadas herederas.

De este modo, la señora X, viuda y sin hijos, puede instituir heredero universal de todos sus bienes a la Concejalía de Cultura y Bienestar del Ayuntamiento de Y por su atención hacia ella en sus últimos años de vida.

La repudiación de la herencia

La renuncia o repudiación de la herencia es la contrapartida de la aceptación y consiste en la declaración de voluntad del llamado a una herencia, de no ser heredero y de no adquirir por ende los bienes hereditarios. Sin embargo, como nada había llegado a adquirir, respecto de los bienes y derechos hereditarios, no hay renuncia sino voluntad de no adquirir.

La repudiación de la herencia debe ser expresa.

Así como la aceptación puede ser expresa o tácita —y la expresa puede hacerse tanto en documento público como en documento privado—, para la repudiación es necesaria una renuncia expresa con el fin de salvaguardar los intereses de los demás coherederos y de los acreedores. El Código Civil dispone que la repudiación ha de hacerse en instrumento público (ante notario) o por escrito presentándola ante el juez competente para conocimiento de la testamentaria o abintestato. Concretamente, el artículo 999, en su párrafo primero, establece: «La aceptación pura y simple puede ser expresa o tácita. Expresa es la que se hace en documento público o privado. Tácita es la que se hace por actos que suponen necesariamente la voluntad de aceptar o que no habría derecho a ejecutar sino con la cualidad de heredero».

LOS EFECTOS DE LA REPUDIACIÓN

El efecto principal que se deriva de la repudiación es que la persona que renuncia no llega a ser heredero, si bien es un tercero que conserva todos

27

los derechos que tuviera contra el causante. Por lo tanto, se entiende que el que repudia la herencia no la ha poseído en ningún momento. No obstante, si la hubiere administrado provisionalmente, vendrá obligado a rendir cuentas de su gestión.

Otros efectos de la repudiación que cabe destacar son los siguientes:

— el renunciante no transmite derecho alguno a sus sucesores sobre dicha herencia;
— si hubiere recibido alguna donación del causante en vida de este, tendrá derecho a conservarla;
— ni acreedores ni legatarios podrán efectuar reclamación contra él;
— no pierde el derecho de representar al causante en otra sucesión;
— podrá ser albacea;
— podrá dar ocasión a que se abra el llamamiento de los parientes del grado siguiente.

Uno de los motivos más comunes para renunciar a la herencia es cuando el causante ha dejado más deudas y cargas que bienes y activos.

Cuando es previsible que en la herencia existan deudas, es aconsejable aceptarla a beneficio de inventario.

En dicho caso, cabe aceptar la herencia a beneficio de inventario, como veremos a continuación, con el fin de evitar tener que responder con el propio patrimonio personal.

La aceptación de la herencia a beneficio de inventario

Como ya hemos visto, cuando el llamado a suceder acepta pura y simplemente la herencia del causante, aquel pasa a ser el heredero y como tal responde de las deudas y cargas inherentes a la misma, no sólo con los bienes heredados sino también con los suyos propios.

Para que este último efecto no se produzca, la ley atribuye la facultad de aceptar la herencia a beneficio de inventario, es decir, autolimitar la responsabilidad del heredero exclusivamente a los bienes de la herencia. De esta forma la herencia queda como un patrimonio separado del propio patrimonio del heredero, que no recibe nada si las deudas de la herencia no superan a los bienes. De hecho, el artículo 998 dispone que la herencia podrá ser aceptada pura y simplemente, o a beneficio de inventario. Sólo cuando los bienes tienen un valor superior a las deudas, el heredero recibirá el resto.

El heredero podrá aceptar la herencia a beneficio de inventario, aunque el testador se lo haya prohibido. También podrá pedir la formación de inventario antes de aceptar o repudiar la herencia para deliberar sobre este punto.

La aceptación de la herencia a beneficio de inventario podrá llevarse a cabo ante notario, o por escrito, ante cualquiera de los jueces que sean competentes para prevenir el juicio de testamentaría o abintestato. Si el heredero se encontrase en país extranjero, podrá hacer la declaración de aceptación de la herencia a beneficio de inventario ante el agente diplomático o consular de España que esté habilitado para ejercer las funciones de notario en el lugar del otorgamiento.

Para que la declaración de aceptación de la herencia a beneficio de inventario produzca efectos, debe ir acompañada de un inventario fiel y exacto de todos los bienes de la herencia, hecho con las formalidades y dentro de los plazos que se determinan en la ley (artículos 1.013, 1.014 y 1.015 del Código Civil).

El heredero que tenga en su poder los bienes de la herencia o parte de ellos, y quiera utilizar el beneficio de inventario o el derecho de deliberar, deberá manifestarlo al juez competente dentro de los diez días siguientes en que se supiere ser tal heredero, si reside en el lugar donde hubiese fallecido el causante de la herencia. Si residiere fuera, el plazo será de treinta días. En ambos casos, el heredero deberá pedir a la vez la formación del inventario y la citación a los acreedores y legatarios para que acudan a presenciarlo si les conviniere.

Partición y colación

Cuando existe una pluralidad de sucesores es necesario repartir entre ellos los bienes de la herencia. Será en el momento de la *partición* cuando lo recibido por los sucesores en vida del causante deba ser traído a *colación* para que el reparto sea equitativo.

Cuando son varias las personas llamadas a una misma herencia, y por tanto son varios los sucesores a título universal, se constituye automáticamente una comunidad hereditaria. La comunidad hereditaria surge desde que los llamados a suceder aceptan la herencia y permanece hasta que se lleva a cabo la partición de la misma.

La comunidad hereditaria la pueden formar tanto los herederos testamentarios y los legales, que son titulares sobre la parte de herencia que les corresponde y, en consecuencia, pueden enajenarla, cederla, hipotecarla o afectarla con un embargo sobre la misma.

Los coherederos son titulares de una cuota o participación sobre la totalidad de la herencia, que no se traducirá en bienes concretos hasta que se efectúe la partición, liquidación y adjudicación de bienes, como veremos más adelante.

Por ello, si el señor X instituye herederos universales a sus cuatro hijos, estos, desde el momento en que aceptan la herencia, constituyen una comunidad en la que cada uno de ellos son propietarios de una parte indivisa de todos los bienes hasta que se lleve a cabo la partición de la herencia.

La partición de la herencia es el acto por el que se extingue el estado de comunidad hereditaria, atribuyendo bienes y derechos concretos a los coherederos. Sus cuotas se transforman en bienes singulares, desapareciendo totalmente la comunidad hereditaria. Sin embargo, nada impide que, al efectuarse la partición, los coherederos decidan asignarse unos bienes concretos, como por ejemplo el dinero, y, en cambio, mantener la titularidad compartida sobre otros, como por ejemplo una finca.

En el primer caso, la cuota de cada heredero se ha transformado en un bien concreto, y en el segundo caso, en una cuota de participación de la comunidad.

Legitimación para pedir y realizar la partición

La capacidad de pedir la partición es propia de todo coheredero que tenga la libre administración y disposición de sus bienes: en el caso de los coherederos incapacitados y ausentes deberán pedirla sus representantes legítimos. De igual modo sucede con el coheredero menor emancipado, que necesitará el consentimiento de los padres.

¿Quién puede realizar la partición?

La partición puede llevarla a cabo el causante directamente en sus disposiciones testamentarias. Nuestro ordenamiento reconoce al propio testador la facultad de hacer la partición, si bien deberá plasmarlo en una declaración de voluntad, que puede ser el propio testamento, en el que se hagan las disposiciones testamentarias distribuyendo los bienes a los coherederos.

Por ello, el señor X puede instituir herederos universales a sus dos hijos, Y y Z, por mitades iguales. En el testamento dispone que X heredará la finca de Jerez de la Frontera y que Y heredará la vivienda habitual de Sevilla, estando valoradas las dos en la misma cuantía.

Por otra parte, la partición puede realizarla también el contador-partidor o comisario designado por el testador a tal efecto. El Código Civil establece que el testador podrá encomendar para después de su muerte la facultad de hacer la partición a cualquier persona que no sea uno de los coherederos. A esta persona también se le conoce como comisario aunque en la práctica su denominación usual sea la de contador-partidor.

También pueden llevarla a cabo los propios coherederos si son mayores de edad y tienen la libre disposición de sus bienes. Nuestro ordenamiento también admite que cuando el testador no haya hecho la partición, ni encomendado a otro esta facultad, si los herederos fueren mayores y tuvieren la libre administración de sus bienes, podrán distribuir la herencia de la manera que tengan por conveniente. La partición realizada por los coherederos supone que estos lleguen a un acuerdo unánime, actuando todos ellos de común acuerdo.

Asimismo, la partición puede realizarla un tercero (normalmente, el albacea) al que los coherederos le encomienden esa tarea. Su decisión deberá ser acatada por los herederos, que previamente la han aceptado al nombrarlo. También puede nombrarse un árbitro para resolver las discrepancias que pueden surgir al efectuar la partición.

La partición suele realizarla el albacea.

Por último, en el caso de que los herederos no se pongan de acuerdo sobre el modo de hacerla, la partición deberá hacerla la autoridad judicial. El Código Civil establece que cuando los herederos mayores de edad no se entendieren sobre el modo de hacer la partición, quedará a salvo su derecho, pudiendo acudir a los tribunales. En el caso que hubiera sido nombrado un contador-partidor, la partición habrá de ser aprobada por la autoridad judicial.

El acto particional

Nuestro Código Civil no contiene normas especiales sobre las operaciones a seguir para llevar a cabo la partición. Existen reglas prácticas consolidadas por el uso y experiencia que son admitidas por la doctrina y por la jurisprudencia. En este sentido, para llevar a cabo la partición, pueden distinguirse dos fases: una primera fase preparticional —que comprende tres operaciones; el inventario, avalúo y liquidación para determinar el activo neto que debe repartirse entre los coherederos— y una segunda fase particional en la que se constituyen los lotes que deben adjudicarse a los interesados.

Inventario del caudal relicto

Para llevar a cabo la partición, hay que comenzar por determinar qué bienes son los afectados, y por eso debe realizarse un inventario de los mismos. El orden que se seguirá para realizar el inventario es el siguiente: el metálico, efectos públicos, alhajas, frutos, muebles, inmuebles, derechos y acciones. La descripción de los bienes se hará con datos que permitan su identificación.

Avalúo o tasación

El avalúo o tasación de los bienes es una operación que va unida a la del inventario, y consiste en la asignación a cada uno de los bienes inventariados de un determinado valor. El valor del bien debe referirse al momento mismo de la partición y no al de la apertura de la sucesión.

Liquidación

La liquidación es una operación necesaria si se pretende repartir el activo neto de la herencia. Con la liquidación, se trata de hallar el haber líquido repartible. De los bienes inventariados con su valor hay que detraer las deudas y demás cargas que disminuyen el patrimonio hereditario. En este sentido, los gastos de partición realizados en interés común de todos los coherederos se deducirán de la herencia.

Adjudicación

Una vez determinado el activo neto repartible, se procede a la formación de lotes para cada uno de los herederos de conformidad con los bienes evaluados. En la forma de realizar los lotes debe tratarse de que estos sean iguales, haciendo lotes o adjudicando a cada uno cosas de la misma naturaleza, calidad o especie. Sin embargo, la igualdad no obliga a atribuir a cada uno de los herederos cosas iguales, sino de la misma naturaleza.

Por ello, si el causante tuviera animales de granja, a un heredero se le pueden adjudicar los conejos y a otro las gallinas, no siendo necesarios que a ambos se les adjudiquen gallinas y conejos.

Efectos de la partición

El primer efecto de la partición de la herencia es la extinción de la comunidad hereditaria y la transformación de la cuota de cada heredero en una propiedad concreta sobre bienes determinados. La partición confiere legalmente a cada heredero la propiedad exclusiva de los bienes que le hayan sido adjudicados.

Hecha la partición de la herencia, los coherederos estarán recíprocamente obligados al desprendimiento y saneamiento de los bienes adjudicados. La evicción y saneamiento en los bienes significa que si los bienes que recibe un sucesor están gravados con alguna carga o existe algún vicio, que no ha sido tenido en cuenta en el momento de hacer los lotes, todos los coherederos deben responder de forma solidaria. En este supuesto, el equilibrio entre los coherederos se ha alterado y debe adoptarse alguna solución para repararlo.

El sucesor que ve mermado el valor de los bienes adjudicados no podrá dirigirse contra la comunidad hereditaria, por haberse disuelto esta, sino que deberá dirigirse contra los sucesores de la comunidad; esto es, los antiguos coherederos, quienes habrán de asumir la garantía y enmendar el perjuicio ocasionado al coheredero perjudicado.

La colación

El heredero que concurra a una sucesión, junto con otros que también lo sean, deberá traer a la masa hereditaria los bienes o valores que hubiese recibido del causante en vida de este, por dote, donación u otro título lucrativo.

Por lo tanto, la colación es una operación particional que consiste en llevar a la masa hereditaria, en un sentido meramente contable como se verá en su momento, lo adquirido del causante en vida de este (por donación), a fin de tenerlo en cuenta para recibir de menos el equivalente a la hora de pagar la parte del colacionante.

El artículo 1.035 del Código Civil dispone al respecto: «El heredero forzoso que concurra a una sucesión con otros que también lo sean deberá traer a la masa hereditaria los bienes o valores que hubiere recibido del causante de la herencia en vida de este, por dote, donación u otro título lucrativo, para computarlo en la regulación de las legítimas y en la cuenta de partición».

Por ello, en el caso de que el causante hubiese dejado su herencia a sus dos hijos, X e Y, a partes iguales, si a Y le hubiese dejado en vida un inmueble por valor de 500.000 euros, y al fallecer, el valor de los bienes restantes del causante es de otros 500.000 euros, Y no heredaría nada, porque se entiende que ya heredó su parte con la donación del inmueble.

Requisitos de la colación

Para que tenga lugar la colación deben darse los siguientes presupuestos fundamentales:

— que concurran a una sucesión varios herederos testamentarios o abintestato;
— que alguno o algunos hayan recibido una liberalidad del causante en vida de este (debe tratarse de una donación o de cualquier otra transmisión de carácter gratuito).

Forma de practicar la colación

El Código Civil establece que el heredero deberá traer a la masa hereditaria los bienes donados con anterioridad.

Lógicamente, lo que debe restituir es el valor de los bienes donados y no la restitución in natura de los mismos. Es decir, que el valor de lo donado se añade al caudal partible (deducidas las deudas, los legados y las legítimas de los legitimarios no herederos) y el total será lo que deba dividirse entre todos los coherederos, con arreglo a las previsiones testamentarias o abintestato. Calculada la cuota correspondiente a cada coheredero, estos tomarán de menos lo que ya hubiesen recibido en vida por donación.

Las diferentes fases en que se procederá para realizar la partición y la colación serán las siguientes:

— primero se pagarán las deudas hereditarias;
— luego se abonarán las legítimas, cuando exista algún legitimario que no ha sido heredero;
— a continuación se satisfarán los legados;
— del patrimonio que reste una vez hecho todo lo anterior, en cuarto lugar se pagará la porción hereditaria a los herederos que no sean legitimarios en su caso;
— por último, al patrimonio que reste se añadirá el valor de las donaciones hechas en vida a los herederos, y el total se dividirá por tantas partes como herederos hallan.

La señora X, que es viuda, tiene dos hijos (Y y Z), una hija (A) y un buen amigo (B). Antes de fallecer, y para que sus hijos pudieran disponer en vida de algunos de sus bienes, la señora X realizó las siguientes donaciones: a Z le donó un inmueble valorado en 120.000 €; a A, todas las joyas, valoradas en 60.000 €; y a B, una casa, valorada en 60.000 €. En su testamento instituyó herederos a sus hijos Z, A, y a su amigo íntimo B; a su hijo Y le dejó exclusivamente lo que le correspondía como legítima estricta; y legó su automóvil, valorado en 18.000 €, al ciudadano peruano C que había atendido y cuidado de la señora X hasta su muerte.

Cuando la causante falleció se pagaron todas las deudas, así como los gastos del funeral, y quedó un caudal relicto de 360.000 €. Para proceder al cálculo de las legítimas, se computaron todas las donaciones (240.000 €), y resultó un haber hereditario de 600.000 €. A Y le corresponden 40.000 € por la legítima estricta, que se le entregarán con bienes de la herencia (la legítima es un tercio del caudal relicto que debe dividirse entre el número de hijos). A continuación se pagará el legado de 18.000 € al súbdito peruano. De todo ello queda un sobrante de 542.000 €, que se dividirá en tres partes iguales para cada uno de los herederos (Z, A y B) de 180.666,667 €. Se adjudica y entrega a B un lote de 180.666,667 €, puesto que no debe colacionar ni se beneficiará de la colación de los herederos, por no ser legitimario. En cuanto a la cantidad restante (361.333,333 €), se produce una concurrencia de herederos legitimarios, de donde surge la obligación de colacionar: si colacionamos las donaciones hechas a Z y A, resulta un haber partible de 541.333,333 € (es decir, 361.333,333 € + 180.000 €), que se dividirá en dos partes iguales: 270.666,667 €. Pero cada uno tomará de menos lo que ya recibió por donación, de tal forma que Z percibirá 150.666,667 € y A percibirá 210.666,667 €.

Efectos de la colación

Como hemos visto, el efecto de la colación consiste en una relación de reajuste entre los herederos forzosos, por virtud de la cual el que fue beneficiario debe recibir de menos la parte que ya obtuvo en vida del causante de la masa hereditaria y los coherederos tienen el derecho a recibir una adjudicación compensatoria. De aquí resulta que los no donatarios ven incrementada su participación en la masa mediante lo que se denomina la adjudicación compensatoria, mientras que el donatario ve reducido su derecho. Es muy explícita la expresión utilizada por el Código Civil cuando dice «tomará de menos en la masa hereditaria tanto como ya hubiese recibido». El artículo 1.047 establece: «El donatario tomará de menos en la masa hereditaria tanto como ya hubiese recibido, percibiendo sus coherederos el equivalente, en cuanto sea posible, en bienes de la misma naturaleza, especie y calidad».

El reajuste contable que conlleva la colación ha de hacerse por el valor que los bienes donados tengan al tiempo de evaluarse los bienes hereditarios. El deterioro físico, posterior a la donación, o su pérdida, casual o culpable, son a cargo del donatario.

El derecho de acrecer

Cuando se habla de la delación de la herencia se hace normalmente en singular, refiriéndose a una persona determinada que recibe el ofreci-

Fases para la adquisición de la herencia

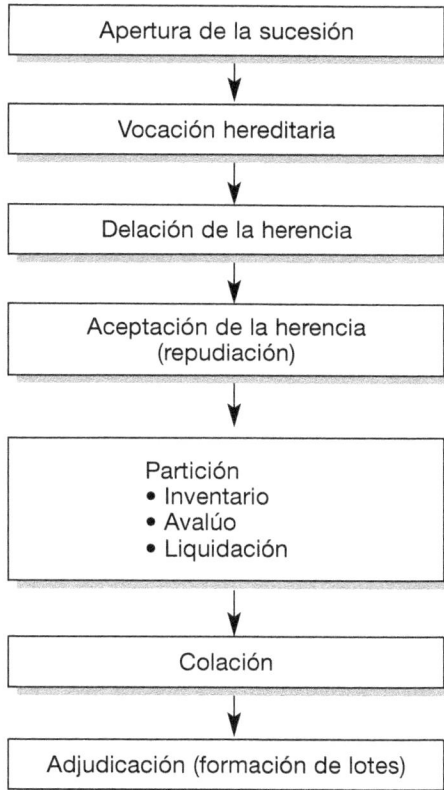

Apertura de la sucesión

↓

Vocación hereditaria

↓

Delación de la herencia

↓

Aceptación de la herencia
(repudiación)

↓

Partición
• Inventario
• Avalúo
• Liquidación

↓

Colación

↓

Adjudicación (formación de lotes)

miento para aceptar o repudiar la herencia. Pero puede haber varias personas que reciben este ofrecimiento: una en defecto de otra (sustitución vulgar), una después de otra (sustitución fideicomisaria) o varias personas conjuntamente.

En este último caso, cuando hay varios llamados a la herencia, y alguno de ellos no llegase a adquirir la parte que le correspondiera, dicha parte acrecería proporcionalmente la parte de los demás herederos. Por tanto, cuando son varios los herederos llamados solidariamente a percibir una herencia, la no adquisición de alguno de ellos se suple por los demás.

Los requisitos del acrecimiento son dos: la solidaridad de la delación y la vacante de persona.

Solidaridad de la delación

El llamamiento realizado por el testador debe ser solidario, considerado como un cuerpo unitario. No tendrá lugar el derecho de acrecer cuando se asigne a cada coheredero una porción concreta de la herencia. Sólo se entenderá hecha la designación por partes, cuando el testador haya determinado expresamente una cuota para cada heredero.

Vacante de la persona

Que alguno de los herederos que debía recibir la herencia no la llegue a adquirir por premoriencia, renuncia o incapacidad, que son los casos que contempla el artículo 982 del Código Civil.

La sucesión testada

A la sucesión ordenada con un testamento previo se la denomina *sucesión testada*. Mediante el testamento dejamos constancia de cuál es nuestra voluntad respecto de todo o de parte de nuestro patrimonio tras fallecer.

La ley no obliga a otorgar testamento, y permite modificarlo tantas veces como se considere oportuno.

El causante, haciendo uso del principio de la autonomía de la voluntad, podrá disponer en testamento de su patrimonio a favor de las personas que tenga por conveniente, con las excepciones que veremos más adelante.

El fundamento de la sucesión mortis causa lo encontramos en los dos pilares básicos que sustentan el derecho privado español: el principio de la propiedad privada y el de la autonomía de la voluntad. Sin embargo, estos dos principios tienen límites basados en la protección de intereses familiares, en el interés social y en el propio límite del derecho de la propiedad.

La sucesión testada es la que ha sido dispuesta por la voluntad del causante en testamento. La sucesión testada puede coexistir con la intestada, cuando en la primera el testador no ha dispuesto de todo su patrimonio.

El testamento

La definición de testamento la encontramos en nuestro Código Civil cuando lo define como aquel acto por el cual una persona dispone para

41

En el testamento, una persona dispone, para después de su muerte, el destino de todos sus bienes o de parte de ellos.

después de su muerte de todos sus bienes o de parte de ellos. Esta definición, que ha sido muy criticada por la doctrina por incompleta, podemos completarla diciendo que el testamento es un negocio jurídico individual, por el cual una persona dispone, para después de su muerte, el destino de todos sus bienes o parte de ellos.

En el testamento, además de las disposiciones de contenido patrimonial, también caben las disposiciones de naturaleza personal o familiar del testador, tales como la designación de un tutor, reconocimiento de un hijo extramatrimonial o instrucciones sobre cómo desea que sea el funeral.

La jurisprudencia ha señalado que no se reputará como un verdadero testamento aquel acto que, aun presentando su forma externa, puede dudarse si constituye un simple esbozo y no un acto definitivo, en que el otorgante se limite a aconsejar o rogar con respecto al destino de su patrimonio, sin que manifieste claramente su intención de testar y dé disposición de sus bienes para después de su muerte.

Cabe destacar como características del testamento las siguientes:

a) Es un acto unilateral. El testamento es obra de una sola persona. Se prohíbe, por ello, que dos o más personas testen conjuntamente. La declaración de voluntad del testador es bastante por sí sola para la perfección del negocio jurídico.

b) No es necesaria recepción. La declaración de voluntad no necesita de una recepción. La expresión ante notario va dirigida a los sucesores, e independientemente de si aceptan o no, el testamento ha quedado perfeccionado nada más otorgarse.

c) Acto personalísimo. El testamento es un acto personalísimo, cuya formación no podrá dejarse, en todo ni en parte, al arbitrio de un tercero, ni hacerse por medio de comisario o mandatario. Es decir, que el testamento sólo puede tener un autor, el propio testador, sin que pueda delegar o sustituir en otra persona ni ser representado.

d) Acto solemne. El testamento es un negocio jurídico solemne o formal, de tal forma que tendrá que considerarse como nulo el testamento en cuyo otorgamiento no se hayan observado todas las formalidades legales previstas.

e) Acto revocable. Todas las disposiciones testamentarias son esencialmente revocables, y el testador podrá cambiar su testamento las veces que quiera, incluso a pesar de que haya expresado su voluntad que ese testamento es el válido y definitivo y que no cabe una revocación posterior del mismo.

Puede hacer testamento toda persona mayor de 14 años (o mayor de 18 años en el testamento hológrafo) que esté en pleno uso de sus facultades mentales.

No es necesario ser mayor de edad para otorgar testamento.

Como veremos a continuación, cabe distinguir dos clases fundamentales de testamento: el común y el especial.

Clases de testamento

El testamento común exige los requisitos o solemnidades generales y puede ser utilizado, en principio, por cualquiera que tenga capacidad para testar. El testamento común puede ser hológrafo, abierto o cerrado.

El testamento especial requiere más o menos solemnidades según los casos, y sólo puede ser utilizado por ciertas personas en determinadas circunstancias. El testamento especial puede ser militar, marítimo y hecho en un país extranjero.

Vamos a pasar a ver los diferentes tipos de testamentos que acepta nuestro ordenamiento.

El testamento hológrafo

Es el testamento que escribe el testador de su puño y letra, con expresión del año, mes y día en que lo otorga y firma el propio testador. Sólo pueden redactar este tipo de testamento las personas que sean mayores de edad (18 años), en contrapartida de la edad exigida para testar, que se fija en 14 años.

El testamento hológrafo presenta las ventajas de ser absolutamente secreto y muy cómodo para el testador, que en cualquier momento y circunstancia, sin ayuda de nadie, puesto que no requiere la comparecencia ante el notario ni de la asistencia de testigos (un enfermo en su lecho de muerte) puede mediante un bolígrafo y papel disponer el destino de sus bienes y derechos.

En contrapartida, el testamento hológrafo no ofrece las mismas garantías de protección a la voluntad del testador que otros testamentos notariales. Las posibilidades de la existencia de presiones e influencias a la voluntad del testador son mucho mayores; también la posibilidad de que el testamento sea una falsificación; o los peligros de pérdida o destrucción.

Por eso, para evitar esta desprotección o falta de garantías inicial del testamento hológrafo, que no deja de ser un documento privado, y para que surta efecto, debe ser presentado al juez de primera instancia del último domicilio del testador o al juez del lugar en que este hubiese fallecido para su protocolización.

Una vez presentado el testamento hológrafo y acreditado el fallecimiento del testador, el juez lo abrirá, rubricará todas las hojas y comprobará su identidad mediante tres testigos que conozcan la letra y firma del testador. A falta de testigos, o si estos dudasen de la autenticidad del testamento, el juez puede acudir al cotejo de letras.

Para otorgar un testamento hológrafo (escrito a mano) deben tenerse 18 años cumplidos, no sólo 14, que es la edad mínima para testar.

La persona en cuyo poder esté depositado el testamento hológrafo debe presentarlo al juzgado y, si no lo hace dentro de los diez siguientes al fallecimiento del testador, responderá de los perjuicios que, en su caso, origine la dilación.

Queremos destacar que el testamento hológrafo sólo puede ser escrito por la mano del causante. En este sentido se ha expresado la jurisprudencia cuando ha negado la validez del testamento hológrafo escrito por personas que carecen de brazos mediante otras partes del cuerpo, pues no se cumple con ello el requisito de que sea la mano del causante la autora del escrito.

Tampoco será válido el testamento hológrafo escrito por ordenador, con máquina de escribir o con letra de imprenta, ya que el testamento hológrafo debe ser escrito de puño y letra del testador.

El testamento abierto

El testamento abierto es el que se otorga ante notario. El testamento abierto es el testamento más habitual hoy en día, y el que otorgan la mayoría de personas que hacen testamento por ser el más ventajoso y cómodo para el testador.

El testamento abierto lo otorga el testador en presencia de un notario para autorizar la firma del causante (comúnmente conocido como testamento notarial abierto). El notario garantiza la verdadera voluntad del testador y el secreto, puesto que nadie conocerá el contenido del testamento antes del fallecimiento del testador.

El notario debe redactar el testamento según la voluntad que previamente el testador le ha expresado verbalmente o por escrito, y leerlo en voz alta, para que el testador manifieste si está conforme con el mismo. Antes de la reforma del Código Civil, se requerían dos testigos que debían acreditarse ante el notario, sin embargo hoy tan sólo se requiere la presencia de testigos cuando el testador sea ciego o declare que no sabe firmar o leer el testamento, y también para el caso que así lo solicitase el notario o el propio testador.

Una vez el notario ha redactado y leído el testamento al testador en voz alta, y en presencia de los testigos cuando estos intervengan, el testador habrá de dar su conformidad, que expresará de forma clara y contundente, procediendo a firmar seguidamente la escritura del testamento y a dar por finalizado el proceso.

En principio tiene capacidad para otorgar testamento abierto cualquier persona que tenga pleno uso de sus facultades, aun cuando no sepa leer.

En la práctica, cuando una persona se decide a otorgar testamento, lo normal es que con el previo asesoramiento de un letrado, éste entregará al notario la minuta de testamento ya preparada con anterioridad de conformidad con el testador, para que el notario la reproduzca de modo literal e íntegro.

El testamento hológrafo no admite ninguna forma extraordinaria. Por el contrario, se dan los siguientes testamentos abiertos extraordinarios: el testamento otorgado por una persona sorda, por una persona ciega, por un persona en peligro de muerte, por una persona en tiempo de epidemia y, por último, el testamento otorgado en lengua extranjera.

Existen distintas modalidades de testamentos abiertos notariales, entre las que cabe distinguir las que a continuación se analizan.

TESTAMENTO ABIERTO CRUZADO ENTRE CÓNYUGES

Esta es una modalidad de testamento abierto notarial muy común, que resulta cuando ambos cónyuges de un matrimonio con hijos hacen testamento de forma simultánea, dejando al otro cónyuge (esto es, al que sobreviva) el beneficio sobre sus bienes, y la propiedad de los bienes a favor de los hijos, a cambio de que estos acepten el usufructo del viudo mientras este viva. Este sistema de transmitir los bienes permite un ahorro fiscal al realizar una única transmisión de la nuda propiedad a favor de los hijos y pagar una única vez el impuesto de sucesiones; de esta forma se evita una doble transmisión (la primera a favor del cónyuge y la segunda del cónyuge sobreviviente a favor de los hijos).

EL TESTAMENTO ABIERTO DEL SORDO

Este testamento requiere una formalidad adicional. Cuando el testador sea sordo total y carezca del sentido del oído, se le exige que lea por sí mismo su testamento. En el caso que no pudiera hacerlo, este designará dos personas que lo lean en su nombre, siempre en presencia del notario.

Esta exigencia adicional no elimina la formalidad de la lectura por parte del notario, sino que impone un requisito adicional, que es la lectura por el propio testador o por dos personas, las cuales se entiende que deberán estar presentes o conocer la declaración de voluntad testamentaria del testador sordo para poder acreditar así que se ha recogido correctamente en la redacción del testamento.

EL TESTAMENTO ABIERTO DEL CIEGO

Este testamento también exige una formalidad adicional, consistente en una doble lectura del testamento: una por el notario y otra por un testigo.

A diferencia del caso del sordo, no se exige que sea una ceguera absoluta, sino que basta que el testador tenga una lesión o defecto visual suficiente para impedir al testador la lectura y estampado de su firma con una claridad normal de sus rasgos. Esta formalidad supone que el testamento se leerá dos veces: una por el notario, y otra por uno de los testigos que intervengan u otra persona que el testador designe.

¿Puede un sordomudo otorgar testamento abierto?

Si la persona sordomuda en cuestión sabe escribir, nada impediría a esta que la manifestación de su última voluntad pueda hacerla por escrito ante el notario. Y es el propio notario quien debe leer el testamento en voz alta y no es indispensable que lo haga el testador, puesto que nada dice el Código Civil.

¿Qué ocurre cuando el testador no sabe firmar?

Cuando el testador declare que no puede o no sabe firmar, lo hará por él y a su ruego uno de los testigos que el propio testador haya designado, dando el notario fe de tal circunstancia.

EL TESTAMENTO ABIERTO EN PELIGRO DE MUERTE

El Código Civil prevé una forma especial del testamento abierto motivado por la urgencia que produce el peligro de muerte del testador y que consiste en la no intervención del notario y el aumento del número de testigos. No basta que el testador se halle en estado grave de enfermedad, ya que es preciso que se halle en situación urgente, inmediata y extrema, que haga temer un próximo y fatal desenlace; es precisa la existencia de un riesgo mortal y que no sea racionalmente posible la intervención del notario, o haya riesgo de que fallezca o pierda sus facultades antes de que acuda al mismo.

Una característica diferencial es que puede otorgarse el testamento ante cinco testigos idóneos, sin necesidad de notario. Este testamento exige un plazo de caducidad, ya que, pasado dicho plazo, se estima que no cumple ya la función para la que ha sido previsto. Este plazo es, si no muere, de dos meses desde que el testador haya salido del peligro de muerte; si muere, deberá acudirse al tribunal competente para que tramite el expediente de sucesión.

En tiempo de epidemia

Por el mismo fundamento que el testamento otorgado en peligro de muerte, el Código Civil dispone que, en caso de epidemia, el testador podrá otorgar testamento sin intervención de notario, pero ante testigos mayores de 16 años.

Para otorgar testamento en estas circunstancias, no es necesario que el testador esté enfermo de la enfermedad epidémica, sino que basta que se halle en el lugar afectado. Tampoco es preciso que medie una declaración oficial de la epidemia; basta que se pruebe que existió. La formalidad especial es que puede otorgarse sin intervención del notario ante tres testigos mayores de 16 años.

Al igual que en el testamento otorgado en peligro de muerte, si es posible este se escribirá y caducará a los dos meses desde que cesó la epidemia o a los tres meses desde que falleció el testador durante la misma, si no se acude al tribunal para que autorice dicho testamento y acuerde su elevación a escritura pública.

El testamento cerrado

El testamento cerrado se entrega al notario, quien lo guarda en secreto hasta la muerte del otorgante.

Es un testamento notarial que se caracteriza por la voluntad del causante de que su contenido sea secreto hasta el momento de su muerte. El testamento es redactado por el testador, pero presentado cerrado ante el notario, quien no conoce su contenido y se limita a acreditar que ha sido presentado. Por eso el testador se limita a manifestar que su voluntad está contenida en un sobre o pliego cerrado, que entrega al notario ante la presencia de dos testigos. Sin embargo, ni estos ni el notario conocen el contenido de las disposiciones testamentarias.

El testamento cerrado no pueden otorgarlo los ciegos, ni quienes no sepan o no puedan leer y está sujeto, entre otras, a las siguientes formalidades:

— el papel que contenga el testamento debe ponerse en una cubierta cerrada y sellada, de forma que no pueda ser extraído sin romperla;
— el testador debe comparecer con el testamento cerrado y sellado, o cerrarlo y sellarlo en el acto ante el notario que lo autorice;
— sobre la cubierta del testamento, el notario debe extender la comarca de los sellos con que está cerrado, dar fe de conocer al testador y de la capacidad de este último para otorgar testamento;
— concurrirán al acto de otorgamiento dos testigos idóneos, si así lo solicitan el testador o el notario.

Una vez autorizado el testamento cerrado, el testador puede conservarlo en su poder, encomendar su guarda a persona de su confianza o depositarlo ante el notario autorizante para que este lo archive. El depositario del testamento cerrado deberá presentarlo al juez competente, tan pronto tenga conocimiento del fallecimiento del testador y, si no lo hace dentro de los diez días de plazo, responderá de los perjuicios que origine su negligencia.

El testamento cerrado puede presentar algunos inconvenientes como son:

— que cuando fallezca el testador y sea leído por el notario el testamento, puede ocurrir que la voluntad del testador no sea conforme a la ley, y que por tanto dicho testamento sea nulo;
— otro inconveniente es que el depositario del testamento debe presentarlo ante el juez en el plazo máximo de diez días desde el fallecimiento del testador.

¿Puede otorgar testamento cerrado una persona sordomuda?

Pueden otorgar testamento cerrado todos los que puedan leer el escrito testamentario, aunque no puedan o no sepan escribir. Lo importante es que sea indudable que dicho escrito contiene realmente la última voluntad de esta persona.

Son testamentos cerrados extraordinarios los otorgados por una persona muda y por una persona sordomuda.

¿Puede otorgar testamento cerrado una persona ciega?

No pueden hacer testamento cerrado los ciegos y los que no sepan o no puedan leer. Tampoco pueden otorgar testamento cerrado quienes, sin saber leer, pueden dibujar su firma.

Los testamentos especiales

El testamento militar

Es el testamento otorgado por militares, soldados o personas a ellos asimilados en tiempo de guerra, y en campaña ante un oficial que tenga por lo menos la categoría de capitán. Quedan comprendidos aquellos voluntarios, rehenes, prisioneros y demás individuos empleados en el ejército y que no son soldados.

Se trata de un testamento que se otorga en tiempo de guerra y en campaña, es decir, en un lugar en el cual se da por supuesto que no es fácil hallar notario ni realizar el otorgamiento de un testamento notarial. Se podrá otorgar testamento ante oficial con categoría mínima de capitán, con la excepción que si el testador estuviere enfermo o herido, podrá otorgarlo ante el capellán o el facultativo que le asista. Si estuviere en destacamento, ante el oficial que lo mande, aunque sea subalterno. En todos estos supuestos será necesaria la presencia de dos testigos.

El requisito de hallarse el testador en campaña significa que ha de encontrarse en zona donde se desarrollan operaciones bélicas, aunque por el momento el frente se halle inactivo.

El concepto de zona de guerra varía con el alcance de las armas modernas, si bien se requiere la presencia actual del enemigo a una distancia razonable.

El testamento marítimo

Es el testamento otorgado en un viaje marítimo por quienes vayan a bordo. El testamento abierto o cerrado, si el buque es de guerra, se otorgará ante el contador o el que ejerza sus funciones, en presencia de dos testigos, que vean y entiendan al testador. El comandante del buque o el que haga sus veces dará su visto bueno.

En los buques mercantes, autorizará el testamento el capitán o el que le sustituya, con la asistencia de dos testigos, que vean y entiendan al testador.

El testamento se custodiará por el comandante del buque de guerra o el capitán del mercante, y de cualquier otorgamiento se hará mención en el diario de navegación.

Llegado el buque al primer puerto extranjero donde haya agente diplomático o consular de España, el comandante o capitán entregará una copia del testamento. Dicho testamento será remitido a España seguidamente por el agente del ministerio competente.

Si fuere hológrafo el testamento y durante el viaje falleciera el testador, el comandante o capitán recogerá el testamento para custodiarlo, haciendo mención de ello en el diario y lo entregará a la autoridad marítima local, cuando el buque arribe al primer puerto.

El testamento otorgado en país extranjero

Este testamento hace referencia a las últimas voluntades otorgadas fuera del territorio nacional o en un buque extranjero. Los españoles podrán testar fuera del territorio nacional, sujetándose a las formas establecidas por las leyes del país en que se hallen. También podrán testar en alta mar durante su navegación en un buque extranjero, con sujeción a las leyes de la nación a que el buque pertenezca. Sin embargo, en ningún caso será el testamento conjunto, realizado con otras personas, aunque lo autoricen las leyes de la nación donde se hubieren otorgado.

Todo español que se halle en el extranjero, también podrá dirigirse al consulado y otorgar testamento ante el agente diplomático o consular de España. En estos casos, dicho agente hará a su vez de notario.

¿Es válido el testamento hológrafo otorgado en un país extranjero?

La respuesta es afirmativa. Los españoles podrán hacer testamento hológrafo en un país extranjero, aun cuando la legislación de dicho país no lo contemple. El agente diplomático o consular, en cuyo poder el testador hubiese depositado el testamento, lo remitirá al Ministerio de Asuntos Exteriores cuando fallezca el testador con el certificado de defunción.

El testamento extraordinario podrá otorgarse en el testamento militar en el caso de peligro inminente de muerte o por razón de entrar en combate y en el testamento marítimo por razón de un naufragio.

EL TESTAMENTO PUPILAR

También hay que apuntar la posibilidad de los padres y tutores de realizar testamento en nombre de sus hijos menores o incapaces, con la finalidad de dar un destino último de los bienes de estos y proteger de esta forma sus intereses y derechos.

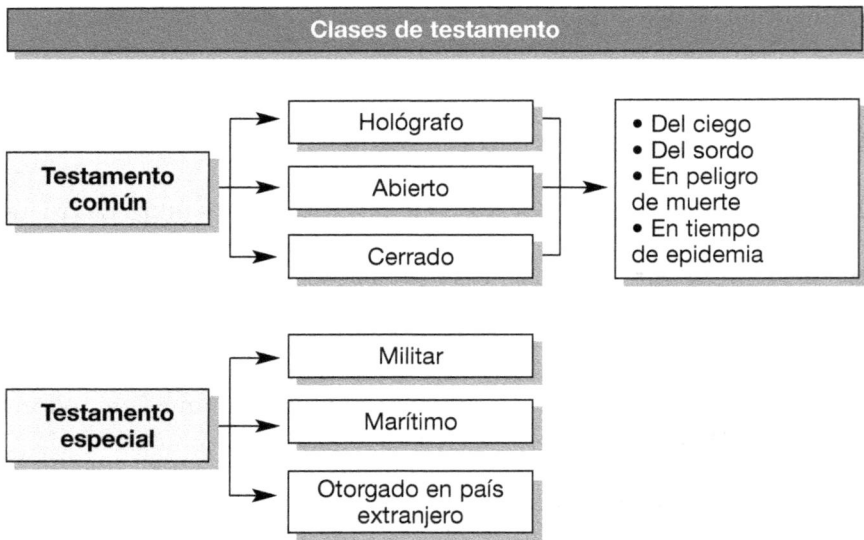

Clases de testamento

Testamento común	Hológrafo	• Del ciego • Del sordo • En peligro de muerte • En tiempo de epidemia
	Abierto	
	Cerrado	

Testamento especial	Militar
	Marítimo
	Otorgado en país extranjero

La ineficacia de los testamentos

Cuando un contrato o un negocio jurídico no produce los efectos que le son propios son llamados ineficaces. La ineficacia es la carencia de efectos jurídicos, que puede venir determinada por razón de invalidez (inexistencia, nulidad, anulabilidad) o, siendo el negocio válido, ser ineficaz por otros motivos (resolución, revocación, etc).

El testamento ineficaz puede serlo por nulidad, caducidad o revocación del mismo.

La doctrina ha distinguido los tipos de ineficacia del testamento en tres grupos: nulidad, caducidad y revocación:

— la nulidad implica un defecto o vicio concurrente en el otorgamiento del testamento que determina su invalidez;

— la caducidad opera, por el mero transcurso del tiempo, sobre un testamento inicialmente válido, en aquellos casos en que pueda tener lugar;

— la revocación presupone también un testamento válido y se produce por la voluntad del propio testador, que ordena dejar dicho testamento sin efecto.

Caso distinto de la ineficacia es cuando el testamento no llegue a tener efecto, por repudiación por el o los herederos nombrados, o premoriencia de estos. El Código Civil prevé una presunción de validez y eficacia del testamento al disponer en su artículo 743: «Caducarán los testamentos o serán ineficaces, en todo o en parte, las disposiciones testamentarias, sólo en los casos expresamente prevenidos en este Código».

Causas de nulidad del testamento

El Derecho de Cataluña y Baleares mantienen —proveniente del Derecho romano— como causa de nulidad la falta de institución de heredero. Sin embargo, el Código Civil considera válido el testamento, aunque no contenga institución de heredero.

Con independencia de esta causa de nulidad no recogida por el Código Civil, se pueden enumerar las siguientes causas:

FALTA DE CAPACIDAD DEL OTORGANTE

Los menores de 14 años no pueden testar válidamente en ningún caso. Es nulo el testamento otorgado por un menor de 14 años o por un menor de edad si se trata de testamento hológrafo o por el que habitual o accidentalmente no se hallare en su cabal juicio. En ambos casos, la falta de capacidad para testar produce la nulidad del testamento, tal y como prevé el artículo 663: «Están incapacitados para testar: 1) Los menores de catorce años de uno y otro sexo. 2) El que habitual o accidentalmente no se hallare en su cabal juicio».

INOBSERVANCIA DE LAS FORMALIDADES LEGALES

Es nulo el testamento en cuyo otorgamiento no se hayan observado las formalidades legales. En este sentido, los artículo 705 y 715 prevén la responsabilidad del notario autorizante si la nulidad por esta causa procede de su malicia o de negligencia inexcusables.

El Tribunal Supremo ha venido a matizar el tenor literal de la ley y en reiterada jurisprudencia ha mantenido que ciertos defectos de forma, considerados de escasa importancia (como, por ejemplo, el no poner el domicilio de un testigo, faltar pocos meses a uno de ellos para alcanzar la mayoría de edad, el no constar expresamente que el notario da fe de que se han observado las formalidades legales) no provocan la nulidad del testamento.

OTORGAMIENTO NO PERMITIDO POR LA LEY

El otorgamiento del testamento debe realizarse en alguna de las formas permitidas en el Código Civil. Este prohíbe el testamento incorporado en el artículo 669 (testamento otorgado por dos o más personas de forma conjunta) y prohíbe el testamento otorgado por un mandatario en sustitución del testador. Tampoco será válido el testamento en que el testador dispone que será un árbitro o tercero quien decidirá sobre la formación y repartición de la herencia.

VICIOS EN LA VOLUNTAD

Será considerado nulo el testamento que haya sido otorgado con violencia, dolo o fraude.

El testamento deber ser otorgado libremente, sin coacción ni violencia.

La violencia se refiere, según reiterada jurisprudencia, tanto a la material como a la moral o intimidación, siempre que sea grave e injusta.

En cuanto al dolo o fraude son empleados como sinónimos y pueden proceder de cualquier persona.

A pesar de que el Código Civil no diga nada respecto al error, cabe entender que un error grave invalida el testamento, puesto que la esencia del mismo es que recoja la verdadera voluntad del testador.

Los efectos de la nulidad del testamento

Sólo puede tratarse de los efectos de la nulidad del testamento a partir de la muerte del testador, pues hasta ese momento no despliega eficacia; incluso puede revocar el testamento vigente hasta ese momento.

Cabe distinguir los casos de anulabilidad y nulidad.

Nos encontramos en un caso de anulabilidad únicamente cuando existe una concurrencia de vicios de la voluntad del testador, cuya acción sólo podrán ejercitar los interesados (los herederos perjudicados) contra los beneficiarios del testamento que se impugna.

Son casos de nulidad la falta de capacidad, la inobservancia de las formalidades legales y el otorgamiento en forma no permitido. Dichos casos conllevan la nulidad absoluta que puede ser objeto de una acción por parte de cualquier persona o apreciarse de oficio.

En relación con la nulidad, el artículo 675 del Código Civil dispone que el testador no puede prohibir que se impugne el testamento en los casos en que haya nulidad declarada por la ley. Con esta norma, se evitan los abusos que históricamente se habían cometido por los testadores que establecían cláusulas prohibitivas de la impugnación del testamento bajo pena de perder los derechos que le venían atribuidos en el mismo testamento.

La caducidad del testamento

Un testamento que se haya otorgado con todas las exigencias previstas por la ley puede resultar ineficaz por un hecho posterior, que es el transcurso de un determinado plazo de tiempo, unido a la inobservancia de una formalidad exigida por la ley. En esto consiste la caducidad. Los testamentos otorgados sin autorización del notario serán ineficaces si no se elevan a escritura pública y se protocolizan en la forma prevenida por la ley.

Todos los casos de caducidad se refieren a testamentos en que no ha actuado notario autorizante, y como consecuencia de ello, o tienen una eficacia efímera o requieren formalidades posteriores.

Podemos distinguir dos grupos de testamentos: los que caducan por el transcurso del tiempo previsto para los mismos; los que caducan cuando en un determinado plazo de tiempo no se cumplen las formalidades posteriores a su otorgamiento.

Los testamentos que caducan por el mero transcurso de un corto plazo de tiempo son los siguientes:

— el testamento abierto otorgado en inminente peligro de muerte o en tiempo de epidemia, el cual caduca a los dos meses de que el testador haya salido del peligro de muerte o haya cesado la epidemia;
— el testamento militar ordinario, que caduca a los cuatro meses de que el testador haya dejado de estar en campaña; el testamento otorgado en peligro próximo por estar en guerra caduca si el testador se salva del peligro;
— el testamento marítimo ordinario caduca a los cuatro meses siguientes al desembarco del testador en un puerto donde puede testar en forma ordinaria, y el otorgado en peligro de naufragio caduca si se salva del peligro.

En el segundo grupo se hallan los testamentos que caducan cuando en un determinado plazo no se cumplen las formalidades posteriores a su otorgamiento. Estos son los siguientes:

— el testamento hológrafo caduca si no se presenta para su protocolización al tribunal competente dentro de cinco años a contar desde el día del fallecimiento del testador;

— el testamento abierto otorgado en inminente peligro de muerte o en tiempo de epidemia, si muere el testador y transcurren tres meses sin que se presente al juez para que se eleve a escritura pública;

— el testamento militar y el marítimo extraordinarios, si muere el testador en el peligro de acción de guerra o en el naufragio y no se formaliza debidamente; esto es, deberán ser remitidos con la posible brevedad al cuartel general y por este al Ministerio de Defensa.

En este último caso, si hubiese fallecido el testador, será el ministro quien remita el testamento al juez del último domicilio del difunto para que de oficio cite a los herederos y demás interesados en la sucesión. Estos deberán solicitar que el testamento se eleve a escritura pública en la forma prevenida por la ley.

La revocación del testamento

La revocación deja sin efecto un testamento anterior. El carácter revocable del testamento responde a dos características inherentes al mismo: su carácter unilateral en relación con el hecho de no producir sus efectos hasta la muerte del testador, y la nota de que el testamento recoge la última voluntad del testador.

La revocación es, pues, un acto unilateral del causante por el que deja sin efecto un testamento anterior.

La revocación puede ser expresa o tácita.

La revocación expresa tiene lugar cuando el testador declara expresamente que es su voluntad dejar sin efecto un testamento anterior, y lo debe declarar con las solemnidades necesarias para testar, es decir, mediante un nuevo testamento. No es preciso que el nuevo testamento sea de la misma clase que el anterior, basta que sea válido. Puede ocurrir que el testador simplemente revoque el testamento anterior sin ordenar una nueva disposición testamentaria, en cuyo supuesto se dará la sucesión intestada.

La revocación tácita se produce en el caso de que el testador no declare expresamente su voluntad de revocar el testamento anterior, pero se deduce del otorgamiento de uno posterior. Es decir que el testamento posterior anula tácitamente el testamento anterior. La revocación producirá su efecto, aunque el segundo testamento caduque por incapacidad del heredero o por renuncia o muerte de este.

Sólo el testamento anterior podrá conservar su eficacia cuando el testador, al otorgar el posterior testamento, exprese en este su voluntad de que aquel subsista en todo o en parte.

También puede darse lo que se ha llamado revocación real del testamento cerrado. Esta consiste en la destrucción intencionada del testamento por el testador. Es una revocación que no se dice, sino que se hace: consiste en romper el testador las cubiertas del testamento cerrado que otorgó, quebrantar sus sellos o borrar, enmendar las firmas que lo autorizaron, etc., actos de los cuales cabe deducir la voluntad del testador de revocar ese testamento.

El heredero

Como ya hemos visto con anterioridad, el heredero es el que sucede al testador a título universal, es decir, en la totalidad de sus bienes y derechos; sustituye al causante en general, asumiendo en bloque el conjunto de las relaciones jurídicas transmisibles de que era titular, como un todo, en forma unitaria. Puede existir un solo heredero o varios, en cuyo caso, cada uno percibe una parte proporcional de la herencia, dividiéndose la herencia entre ellos en su condición de coherederos.

Requisitos para ser heredero

El heredero no es un simple adquirente de cosas y derechos sino que es la persona que viene a hacerse cargo de todas las relaciones del causante, activas y pasivas.

La mayoría de la doctrina ha entendido al heredero como aquella persona que es el continuador de la personalidad del causante: es decir, que es algo más que un sucesor en los bienes, representa al difunto y continúa su personalidad. De tal forma que los derechos del testador se hacen del heredero y ambos patrimonios se confunden en uno.

Sin embargo, otra parte de la doctrina considera que la sucesión es el traslado de un patrimonio de un titular a otro, en el que cuentan los derechos y las obligaciones del sujeto que desaparece.

El heredero ocupa la posición que antes tenía el causante en los contratos.

Dejando aparte las discusiones doctrinales, lo que es cierto es que el nombramiento del heredero es un acto personalísimo, de modo que la propia condición del heredero es personalísima del instituido, y por lo tanto no puede ser objeto de cesión.

Esta condición de heredero es independiente de la existencia de bienes en el patrimonio del causante; también si las deudas son superiores a los bienes o, si existen sólo deudas, hay herencia. Por otra parte, hay que tener en cuenta la posibilidad admitida por la ley, de la aceptación de herencia a beneficio de inventario, que veremos más adelante. Asimismo, el heredero es un administrador y un liquidador, en cuanto a la sucesión del activo y del pasivo, evitando así que queden bienes sin dueño.

La acción de petición de herencia

La acción de petición de herencia es la que compete al heredero para reclamar de otra u otras personas el reconocimiento de su cualidad de heredero y la restitución de los bienes hereditarios.

Es una acción que carece de regulación específica en el Código Civil, pese a que se reconoce su existencia. El artículo 192 recoge lo siguiente: «Lo dispuesto en el artículo anterior se entiende sin perjuicio de las acciones de petición de herencia u otros derechos que competan al ausente, sus representantes o causahabientes. Estos derechos no se extinguirán sino por el transcurso del tiempo fijado para la prescripción».

Por su parte, el artículo 1.016 especifica: «Fuera de los casos a que se refieren los dos anteriores artículos, si no se hubiere presentado ninguna demanda contra el heredero, podrá este aceptar a beneficio de inventario, o con el derecho de deliberar, mientras no prescriba la acción para reclamar la herencia».

La acción de prescripción de herencia es una acción propia del heredero que reclama la restitución de bienes hereditarios como sucesor del causante. Por lo tanto habrá de probarse por el actor que pertenecían al patrimonio del causante. Su objeto tanto lo constituyen bienes concretos como la totalidad de la herencia.

Lo lógico es que la acción de petición de herencia se dirija contra un poseedor de bienes hereditarios (también puede denominarse heredero aparente), o que lo ha sido. Por eso, además de su restitución, han de liquidarse los frutos, rentas o mejoras que hubieran dado o sufrido los bienes.

¿Qué ocurre cuando el heredero aparente ha realizado actos de disposición sobre ellos? ¿Son válidos?

Lo importante en estos supuestos es determinar si el heredero aparente ha actuado de buena o mala fe.

El Código Civil declara que la acción para reclamar la herencia prescribe, si bien no señala el plazo. La jurisprudencia es partidaria de que la acción de petición de herencia prescriba a los 15 años.

La acción de petición de herencia prescribe a los 15 años.

Como consecuencia de la aceptación pura y simple de la herencia, el heredero asume una responsabilidad por las deudas del patrimonio del causante y por las cargas que gravan aquella, entendiendo por tales deudas, las originadas por su muerte, que no deben confundirse con las deudas propias del patrimonio. Entre las cargas tenemos, entre otras: el pago de los gastos del funeral del testador; los gastos de administración de la herencia aceptada a beneficio de inventario y por la confección de este, así como los originados por la remuneración del albacea y contador-partidor.

Así pues, tiene que quedar bien claro que el heredero que acepta pura y simplemente la herencia es responsable de todas las cargas de la herencia, no sólo con los bienes de esta, sino también con los suyos propios. Hay pues una responsabilidad ilimitada.

En cambio, la responsabilidad será limitada si responde sólo con el patrimonio hereditario, lo que sucede en la aceptación de la herencia a beneficio de inventario. La responsabilidad ilimitada genera una confusión de patrimonios (el patrimonio personal del heredero y el patrimonio del causante) de la misma forma que en la responsabilidad limitada existe una separación.

El legado de parte proporcional

Según nuestro derecho, el llamado como heredero, pero que no recibe la universalidad de la herencia sino tan sólo un bien o cosa, no es un sucesor universal, sino particular; es decir que no es heredero, sino legatario. Así lo expresa el propio Código Civil cuando dice que el heredero instituido en una cosa cierta y determinada será considerado como legatario.

El legado de parte alícuota es una figura que proviene del derecho romano, en la que el testador dispone que al favorecido le quiere como sucesor universal en concepto de legatario; es decir, esto ocurre cuando el sucesor lega a un heredero una parte alícuota de la herencia.

Por consiguiente, el legatario de parte proporcional puede considerarse un heredero porque en realidad sucede una cuota o parte de la herencia a título universal.

La diferencia entre heredero y legatario se fundamenta en que el primero es el sucesor universal, y el legatario es el sucesor particular; es decir, mientras que el heredero sucede al causante en la universalidad del patrimonio y adquiere la herencia en su totalidad, el legatario es un comprador de bienes concretos. Una consecuencia importante es que el heredero sucede no sólo en los derechos del causante, sino también en las obligaciones de las que responde incluso con sus bienes propios, al contrario del legatario, que sólo adquiere bienes o derechos concretos.

Condición, término y modo

CONDICIÓN

Nuestro Código Civil permite que las disposiciones hereditarias, tanto a título universal como particular, podrán hacerse bajo una condición, sin distinguir ni especificar sobre esta. La condición y el término son eventos referidos al futuro, del que depende la eficacia de la institución de heredero. Hablamos de condición suspensiva cuando la condición se cumple y esta despliega su eficacia; la condición resolutoria, en el caso de cumplirse esta, se resuelve y la institución de heredero deviene ineficaz.

Las disposiciones hereditarias pueden hacerse con condiciones.

A modo de ejemplo, supongamos que el señor X declara heredero a su hijo Y con la condición de que acabe la carrera de médico. En consecuencia, si Y no termina la carrera y no se licencia en medicina, no podrá recibir la herencia de su padre.

Las condiciones imposibles y las contrarias a las leyes y las buenas costumbres se tendrán por no puestas y en nada perjudicarán al heredero o legatario, aun cuando el testador disponga otra cosa. Asimismo, será nula la disposición hecha bajo condición de que el heredero o legatario haga en su testamento alguna disposición en favor del testador o de otra persona, de conformidad con lo que dispone el Código Civil (artículos 792 y 794).

Si la condición es imposible o contraria a las leyes o las buenas costumbres, se considera que no ha sido puesta.

A efectos prácticos, cuando se lea el testamento, deberá juzgarse si la condición impuesta por el testador va en contra de la ley o es de imposible cumplimiento. Las condiciones ilícitas se consideran tales, no sólo cuando imponen actos o abstenciones reprobados por la ley o la moral, sino también si suponen una coacción injustificada de la voluntad del favorecido. Así por ejemplo, no es válida en términos generales, la condición de ordenarse sacerdote o profesar en una orden religiosa, o de aceptar la partición de la herencia bajo pena de perder lo que se hereda cuando dicha partición es nula.

Una condición bastante común y muy discutida es la condición impuesta a la mujer del causante o a un tercero de no contraer matrimonio después de su muerte. La ley prohíbe dicha condición de no contraer matrimonio, que se tendrá por no puesta, a menos que lo haya sido al viudo o viuda por su difunto consorte o por los ascendientes o descendientes de este.

Este precepto es contradictorio, puesto lo que no es moral ni conforme para los demás, tampoco lo tendría que ser para el viudo o la viuda.

También cabe considerar que es del todo injustificada, o al menos tiene consecuencias peligrosas, la inadmisibilidad de la condición de no contraer matrimonio impuesta al viudo o viuda, puesto que, al obligarle a permanecer viudo, pueden producirse situaciones de precariedad del cónyuge sobreviviente, el cual puede tener que sufrir una vida de sacrificios que posiblemente tampoco la habrá querido el testador que impuso tal condición.

La condición de no contraer matrimonio con carácter general es contraria a la libertad personal de elegir el estado civil (casarse o mantenerse soltero), derechos personales sobre los que no cabe admitir ninguna coacción.

Más discutible es si puede aceptarse la prohibición relativa de no contraer matrimonio con una determinada persona, o en su caso la obligación de contraer matrimonio con persona determinada.

PLAZO O TÉRMINO

Nuestro Código Civil admite que el testador determine la designación de día o de tiempo en que haya de comenzar el efecto de la institución de heredero o del legado.

El artículo 85 dice al respecto: «Será válida la designación de día o de tiempo en que haya de comenzar o cesar el efecto de la institución de heredero o del legado. En ambos casos hasta que llegue el término señalado, o cuando este concluye, se entenderá llamado el sucesor legítimo. Mas en el primer caso, no entrará este en posesión de los bienes sino después de prestar caución suficiente, con intervención del instituido». En ambos casos, hasta que llegue el término señalado, o cuando este concluya, se entenderá llamado el sucesor legítimo.

Como vemos, nuestro ordenamiento permite imponer un término a la institución de heredero, que fija a los efectos de esta; si es termino inicial, fija el día en que ha de comenzar sus efectos, y por tanto tendrá el instituido derecho a la sucesión desde que el término llega; si es termino final, el día es el que cesan los efectos de la institución, y el instituido heredero tiene derecho a la sucesión hasta que llega el día.

El término, como hecho futuro y objetivamente cierto, se caracteriza por la seguridad de que llegará, aunque puede ser que no se sepa cuándo.

En el termino inicial, se tiene la seguridad de que el instituido heredero llegará a serlo. Pero hasta que llegue el termino señalado, se entenderá llamado el sucesor legítimo (intestado), el cual no entrará en posesión de los bienes sino después de prestar garantía suficiente, con intervención del instituido, tal como ordena el párrafo segundo del artículo 805 del Código Civil. Si el instituido heredero muere antes de la llegada del término inicial, transmite su derecho a sus herederos tal y como prevé el artículo 799 del Código Civil, que dice al respecto: «La condición suspensiva no impide al heredero o legatario adquirir sus respectivos derechos y transmitirlos a sus herederos, aun antes de que se verifique su cumplimiento».

En el término final, el instituido heredero adquiere la herencia y entra en posesión de la misma hasta la llegada del término, en cuyo momento, cuando este concluya, se entenderá llamado el sucesor legítimo, cesando pues aquel, y adquiriendo la herencia el heredero abintestato.

El modo o carga

La institución de heredero con imposición de un modo o carga está prevista en nuestro ordenamiento, cuando el artículo 797 establece: «La expresión del objeto de la institución o legado, o la aplicación que haya de darse a lo dejado por el testador o la carga que él mismo impusiere, no se entenderán como condición al no parecer que esta era su voluntad».

El modo obliga al heredero a su cumplimiento.

Debemos distinguir el modo de la condición; en el modo, a diferencia de la condición, el instituido heredero adquiere la herencia, aunque con el deber de cumplir la carga o modo: ello supone una obligación para el heredero, pero no condiciona ni aplaza la institución: es una cuestión de interpretación del testamento, pero si hay duda sobre si la carga se puso como condición o como modo, ello lo soluciona el último inciso del artículo 797, en donde puede leerse: «no se entenderán como condición, al no parecer que esta era su voluntad».

El modo no suspende la adquisición de la herencia, pero obliga al heredero a su cumplimiento. En el supuesto de que el heredero no pudiera cumplir con el modo impuesto por el testador, en los mismos términos fijados por este, deberá cumplirse en otros, lo más análogos y conformes a su voluntad.

Cabe la posibilidad de que el heredero cumpla de forma ficticia el modo tal y como establece el segundo párrafo del artículo 798 cuando dice: «Cuando el interesado en que se cumpla, o no, impidiere su cumplimiento sin culpa o hecho propio del heredero o legatario, se considerará cumplida la condición». (En realidad, debe decir modo en vez de condición).

Por último, si el instituido muere antes de cumplir el modo, sus herederos adquirirán la herencia siempre que afiancen el cumplimiento de lo mandado por el testador y la devolución de lo percibido con sus frutos e intereses, si faltaren a esta obligación.

Las sustituciones

La sustitución, en el derecho de herencia, podemos definirla de un modo general como el llamamiento que hace el testador en favor de otra persona distinta del heredero, bien por si este no llegara a serlo (sustitución vulgar), bien para serlo después que el heredero lo haya sido (sustitución fideicomisaria).

El Código Civil permite que el testador disponga como sustituto del heredero a un sustituto o una pluralidad de sustitutos, o uno o varios sustitutos para cada uno de los herederos nombrados. Las reglas de las sustituciones son aplicables por igual a la institución de heredero que al legado.

De este modo, por ejemplo, el señor X puede declarar como sus herederos universales a sus dos primos, los señores Y y Z, y en defecto de estos, para el caso que no pudieran serlo por la causa que fuera, declara como sustituto a su tío el señor A.

La sustitución vulgar

La sustitución vulgar es cuando el testador establece una persona sustituta para el supuesto que la persona designada como heredero no pudiera serlo.

En este sentido, dice el artículo 774 que puede el testador designar a una o más personas como sustitutos del heredero o herederos instituidos para el caso que estos mueran antes que el causante, o no quieran, o no puedan aceptar la herencia.

En la sustitución vulgar nos encontramos ante el nombramiento de un segundo u ulterior heredero (el sustituto) para el caso de que el primer heredero instituido no llegue a serlo, porque no pueda o no quiera. Por consiguiente, el instituido segundo heredero únicamente podrá heredar en el supuesto de que el nombrado primer heredero no llegue a serlo. En dicho momento, nace en el sustituto la facultad de aceptar la herencia o repudiarla. Si el sustituto acepta, quedará sujeto a las mismas cargas y condiciones impuestas al instituido heredero en primer lugar, a menos que el testador haya dispuesto lo contrario.

El efecto esencial de la sustitución vulgar es que si se da el supuesto de la misma, el sustituto vulgar adquiere el derecho hereditario, que le permite aceptar o repudiar la herencia, y si muere sin haber aceptado o repudiado transmite a sus propios herederos tal derecho.

La sustitución fideicomisaria

La sustitución fideicomisaria es cuando el sucesor nombra un heredero y a su vez también designa el heredero de este. De este modo, el señor X puede nombrar como heredero universal de todos sus bienes al señor Y, para que este cuando fallezca transmita todos sus bienes al señor Z. En este supuesto, el señor Y es el llamado fiduciario y el señor Z, fideicomisario.

La sustitución fideicomisaria se da cuando el sucesor nombra un heredero y, a su vez, también designa al heredero de este.

En la sustitución fideicomisaria, nos encontramos ante un nombramiento de herederos sucesivos, puesto que el causante dispone que el primer heredero conserve y transmita a un tercero, también nombrado heredero, el todo o parte de la herencia.

Nos encontramos ante un primer heredero, llamado fiduciario, que hereda los bienes del causante para que goce de ellos, y otra persona designada en segundo lugar, que recoge la sucesión, llamada fideicomisario.

El fiduciario tiene la obligación impuesta por el testador de conservar todos o parte de los bienes para transmitirlos al fideicomisario: ambos heredan al testador, pero el fiduciario recibe la herencia directamente de él y el fideicomisario la recibe indirectamente del causante por el trámite y a través del primer heredero.

Podemos destacar que lo característico y esencial de las sustituciones fideicomisarias es el orden sucesivo: el doble o múltiple llamamiento. Tanto el fiduciario como el fideicomisario lo son a título de herederos sucesivos, entendiendo que ambos reciben los bienes del propio testador y a título universal.

En este sentido se ha expresado la jurisprudencia cuando establece que en la sustitución fideicomisaria queda abierta la herencia en el momento de la muerte del testador, que es el único causante, al que suceden los llamados sucesivamente, no sucediendo en ningún caso el fideicomisario al fiduciario, aunque sólo se perfeccione su derecho cuando se extinga la vida del primer llamado. (Sentencia del Tribunal Supremo de 3 de marzo de 1964).

Nuestro ordenamiento exige que la sustitución fideicomisaria se haga de forma expresa. El artículo 785 dice literalmente: «No surtirán efecto las sustituciones fideicomisarias que no se hagan de una manera expresa, ya dándoles este nombre, ya imponiendo al sustituido la obligación terminante de entregar los bienes a un segundo heredero».

Nuestro ordenamiento dice muy poco respecto cuáles son los derechos y obligaciones del fiduciario, y se limita a decir que el fiduciario estará obligado a entregar la herencia del fideicomisario, sin otras deducciones que las que correspondan por gastos legítimos, créditos y mejoras, salvo el caso que el testador haya dispuesto otra cosa (artículo 783). Por lo tanto, y como ya hemos dicho, el fiduciario es heredero, y como tal es propietario, acreedor, titular de los derechos reales, y por consiguiente puede enajenar los bienes que ha heredado del causante con la obligación de conservar los mismos y de no perjudicar al fideicomisario, si bien deberá de separar los bienes del causante de su propio patrimonio para evitar una confusión material.

La sustitución pupilar

La sustitución pupilar es aquella en que los padres y demás ascendientes podrán nombrar un sustituto para sus descendientes menores de catorce años para el caso que mueran antes de dicha edad.

De esta forma, el causante regula la sucesión del menor y se asegura que, para el caso de que el nombrado heredero no llegase a serlo (por fallecer antes de los 14 años), su herencia no vaya a otros parientes no deseados por el causante.

En virtud de ello, el señor X puede instituir a su hijo primogénito, Y, recién nacido, y dispone como pupilos (sustitutos) de este los otros dos hijos, A y B. Cuando muere el señor X, deja tres hijos herederos: Y, A y B. Si falleciera Y antes de llegar a los catorce años, suceden a este en cuanto a los bienes recibidos de su padre sus hermanos, y no su madre, que es quien le sucedería si la herencia de el señor X se defiriera abintestato.

El efecto esencial de la sustitución pupilar es que el sustituto tiene la delación de la herencia del sustituido (el menor de 14 años), y por tanto será su heredero siempre y cuando dicho menor muera antes de cumplir los 14 años y no tenga la capacidad para otorgar testamento por sí mismo. Una vez el menor cumple la edad de 14 años se extingue la sustitución pupilar. El artículo 775 dice al respecto: «Los padres y demás ascendientes podrán nombrar sustitutos a sus descendientes menores de catorce años, de ambos sexos, para el caso de que mueran antes de dicha edad».

La sustitución ejemplar

La sustitución ejemplar es la facultad del ascendiente de nombrar un sustituto al descendiente que sufra perturbación mental y sea incapaz para testar.

Nuestro Código Civil dice literalmente en su artículo 776: «El ascendiente podrá nombrar sustituto al descendiente mayor de 14 años que, conforme a derecho, haya sido declarado incapaz o por enajenación mental».

Tanto en la sustitución pupilar como ejemplar, el sucesor hace dueño al sustituido de una masa de bienes, y los destina eventualmente a un tercero en forma preventiva para el supuesto de que el pupilo no llegue a la edad de otorgar, o en su caso el incapacitado no otorgue testamento, y evitar de esta forma las consecuencias del abintestato del sustituido.

Por ello, si la señora X puede nombrar heredero a su hijo de un año Y (sustituido) y designar como sustituto pupilar a su hermano Z (sustituto).

Mientras viva la señora X, la sustitución no produce efecto alguno. Es preciso por tanto, para su eficacia, que Y sobreviva a su madre. Una vez

Sustituciones hereditarias	**Sustitución vulgar** ➤	El testador dispone como sustituto del heredero a un sustituto o una pluralidad de sustitutos, o bien uno o varios sustitutos para cada uno de los herederos nombrados.
	Sustitución fideicomisaria ➤	El sucesor nombra un heredero y, a su vez, designa al heredero de este.
	Sustitución pupilar ➤	Los padres y demás ascendientes podrán nombrar un sustituto para sus descendientes menores de 14 años para el caso de que mueran antes de dicha edad.
	Sustitución ejemplar ➤	El ascendiente nombra un sustituto al descendiente que sufra de perturbación mental y sea incapaz de testar.

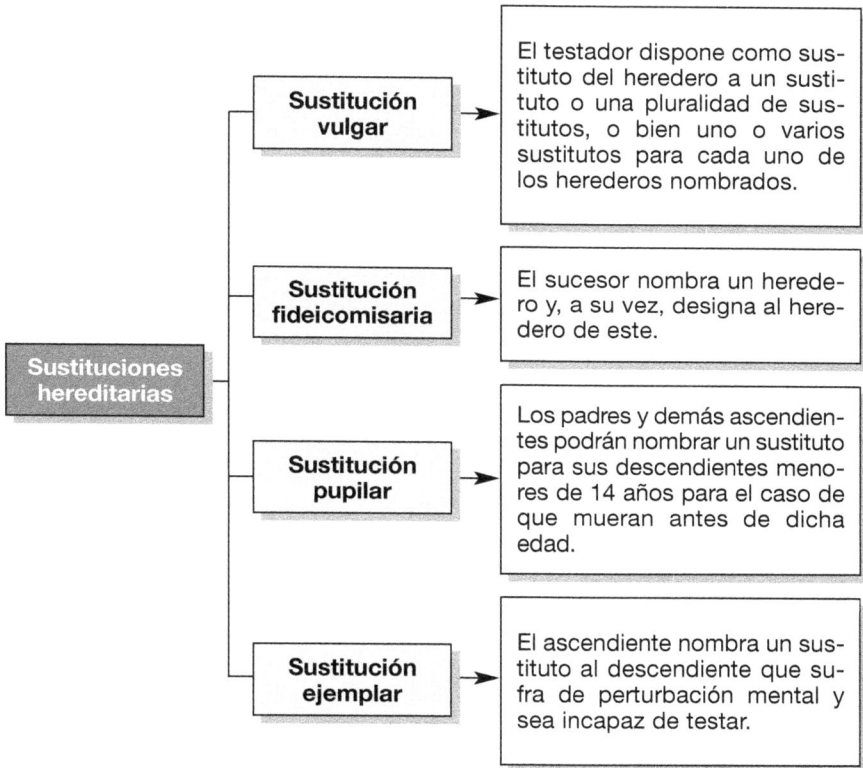

fallecida, Y deviene heredero, y Z es el sustituto para el supuesto que Y falleciera antes de llegar a ser llamado a la herencia.

Por consiguiente, Z no adquiere derecho a la herencia por el hecho de que fallezca la señora X, sino sólo para el supuesto de que falleciera Y antes de haber cumplido los 14 años (edad exigida para otorgar testamento).

La sustitución pupilar se extingue o pierde su virtualidad cuando el pupilo cumple los catorce años, y el menor es capaz de otorgar testamento por sí mismo.

Del mismo modo quedará sin efecto la sustitución ejemplar, cuando el incapacitado haya hecho testamento durante un momento lúcido o en su caso después de haber recobrado la razón el demente sustituido. Se considera que un incapacitado ha recobrado la razón siempre y cuando el juez deje sin efecto la incapacitación y entienda que aquel ha recuperado su plena capacidad de obrar, y por lo tanto de hacer testamento.

El legado

Anteriormente hemos tratado la sucesión mortis causa y la distinción del sucesor universal y del sucesor particular: el primero sucede en el conjunto (totalidad o parte alícuota) del patrimonio del causante, y adquiere la herencia por la aceptación de la misma; en el segundo, el sucesor particular sucede al causante en un bien o derecho concreto y determinado de todo el conjunto del patrimonio y adquiere lo que se denomina un legado. El primero es el que llamamos heredero y el segundo es el que conocemos como legatario.

El legado sólo se puede establecer en testamento y no son legados aquellos que vienen impuestos por la ley.

El legatario puede ser el mismo heredero, naciendo la figura del prelegado, que no es más que el legado dispuesto en favor del heredero.

Objeto y clases de legado

Cualquier cosa «que esté dentro del comercio» puede ser legada.

Pueden ser objeto de legado todas las cosas que están dentro del comercio de los hombres.

En este sentido, pero con argumento al contrario, define el Código Civil que es susceptible de ser legado, cuando el artículo 865 establece que: «Es nulo el legado de cosas que están fuera del comercio». Por lo tanto, en un sentido contrario, todo lo que está dentro del comercio puede ser objeto de legado.

Por consiguiente, además de las cosas materiales, también pueden legarse derechos pertenecientes al testador, como derechos de crédito. También cabe la posibilidad que el sucesor atribuya al legatario el derecho a exigir el cumplimiento de determinada prestación, como sería el pago de una pensión periódica.

70

El legado puede tener muy diversas modalidades y su contenido ser variadísimo, por lo cual no es posible que el Código Civil establezca una regulación específica para cada clase de legado, sino que se limita a enumerar una serie de legados, los más frecuentes en la práctica, que se pueden llamar legados típicos, pero ello no significa en modo alguno que la autonomía de la voluntad del testador no pueda ordenar otros que no encajen en los tipificados por el Código Civil.

A la hora de distinguir los diferentes tipos de legado, es preciso contemplar por separado el legado de derechos y el legado de cosas, que a su vez se divide en varias clases.

LEGADO DE COSA ESPECÍFICA

Es el legado cuyo objeto es una cosa individualmente determinada propia del testador, que forma parte del patrimonio hereditario. Lo importante de este tipo de legado es que el legatario adquiere su propiedad desde el momento en que muere el testador. Ello es importante porque el legatario hará suyos los frutos y rentas pendientes desde ese preciso instante.

Por ejemplo, el señor X instituye heredero a sus tres hijos y lega, en favor de su hijo primogénito Y, un local comercial que está arrendado, y devenga una renta mensual de 600 euros.

Desde el momento en que fallece el señor X, su hijo, el señor Y, percibirá como legado el local y la renta de 600 euros mensuales que se obtiene del mismo.

Asimismo, la cosa legada deberá ser entregada con todos sus accesorios y en el estado en que se halle al morir el testador, ya que desde ese momento el legatario ya era propietario.

LEGADO DE COSA AJENA

El legado de cosa ajena es objeto de una cosa específica que no se encuentra en el patrimonio hereditario.

En realidad parece incomprensible que pueda ser objeto de sucesión mortis causa una cosa cuyo titular no es el causante. Sin embargo, el Có-

71

digo Civil declara válido este legado si el testador, al legar la cosa, sabía que lo era, y nulo en caso contrario.

En este caso, el testador impone la obligación al heredero o gravado de adquirir y entregar al legatario una cosa de un tercero. Normalmente, el heredero adquirirá la cosa para proporcionarla al legatario, a pesar de que no hay inconveniente en que pacte con el dueño la directa transmisión de la propiedad a dicho legatario, sin pasar por el patrimonio del heredero.

Si el gravado incumpliese la obligación de adquirir, incurrirá en responsabilidad y se verá obligado a indemnizar por los daños y perjuicios ocasionados.

LEGADO DE CANTIDAD

En los legados de cantidad, el testador dispone el pago de una cantidad al legatario.

En el supuesto de que dicha cantidad hubiera producido intereses, estos deberán tenerse en cuenta en beneficio del legatario a partir de la muerte del causante, salvo que este en el testamento hubiera dispuesto otra cosa distinta.

Por ejemplo, la señora X, oftalmóloga, dispone en su testamento que lega a su hija Y la cantidad de 12.000 euros, esto es, el dinero que ha ido ahorrando durante toda su vida de las conferencias impartidas en la universidad y otros centros docentes sobre los problemas y afecciones de la luz solar en la retina de los niños. Dicho dinero se halla depositado en una cuenta corriente de la Caja de Ahorros Exprés. A partir del día del fallecimiento de la doctora, su hija Y tendrá derecho a los intereses devengados hasta el pago definitivo de dicha suma.

Cuando el testador, heredero o legatario tuviesen sólo una parte o un derecho en la cosa legada, se entenderá limitado el legado a esta parte o derecho a menos que el testador declare expresamente que lega la cosa por entero.

Debe tenerse en cuenta que no producirá efecto el legado de cosa que al tiempo de hacerse el testamento fuera ya propia del legatario, aunque en ella tuviese algún derecho otra persona.

LEGADO ALTERNATIVO

El Código Civil regula el legado alternativo, cuyo objeto son varias cosas o derechos, y sólo una de ellas debe entregar el obligado al legatario. En esta clase de legado se observará lo dispuesto para las obligaciones de la misma especie, salvo las modificaciones que se deriven de la voluntad del testador. En consecuencia, parece que la elección en estos casos corresponde al heredero, salvo disposición expresa en contrario.

Por ejemplo, el señor X dispone en su testamento heredero universal a su primogénito Y, y lega a su sobrino Z un animal equino para que pueda montar en él. El heredero, Y, estará obligado a adquirir y entregar a Z un caballo, una yegua, un poni, etc., disponiendo de libertad de elección sobre el animal en cuestión siempre que sea un animal equino para montar.

LEGADO DE CRÉDITO

El legado de crédito es aquel en que el testador transmite mortis causa al legatario un crédito del cual es titular frente a un tercero.

Según establece el Código Civil, el legado de un crédito contra tercero sólo surtirá efecto en la parte del crédito subsistente al tiempo de morir el testador. El artículo 870 dice al respecto: «El legado de un crédito contra tercero, o el de perdón o liberación de una deuda del legatario, sólo surtirá efecto en la parte del crédito o la deuda subsistente al tiempo de morir el testador». El heredero cumple con ceder al legatario todas las acciones que pudieran competirle contra el deudor.

Por ello, la señora X, titular de una farmacia, puede instituir como herederas universales a sus tres hijas, y asimismo dispone en su testamento que todos aquellos créditos que ostente de los proveedores, hasta la fecha de su muerte, serán para su nieta Y que está estudiando tercer curso de Farmacia. Y, todas las mañanas, a excepción de la época de exámenes, va a ayudar a su abuela en la farmacia. Las hijas coherederas pasarán a ser las propietarias del negocio farmacéutico, si bien los derechos de crédito originados por el negocio de la farmacia y que no hayan sido satisfechos a la causante antes de la fecha de su fallecimiento, deberán ser cedidos a Y, designada como legataria.

El legado de crédito impone, pues, al heredero una obligación de hacer, esto es, de ceder el crédito del que era titular el causante al legatario, entregándole los títulos y documentos justificativos del crédito.

Los derechos de crédito también comprenden los intereses devengados hasta su definitivo cobro.

El legado de liberación de deuda

El legado de liberación no es otro que el crédito que tenía el causante o el heredero contra el propio legatario; en otras palabras, el testador perdona al legatario la deuda que este tenía contraída con él o con el heredero. El artículo 872 especifica: «El legado genérico de liberación o perdón de las deudas comprende las existentes al tiempo de hacerse el testamento, no las posteriores». Así pues, el legado de liberación de deuda tiene por objeto liberar al legatario de una deuda existente, de la cual pueden ser acreedores el causante, el heredero o un tercero, a pesar de que el Código Civil se refiera sólo a la deuda del legatario respecto al testador.

En virtud de ello, el señor X, que había prestado a su amigo Y la suma de 30.000 euros para hacer frente a una sanción económica impuesta por Hacienda a raíz de una inspección fiscal, puede dejar en el testamento como legado a su amigo Y la dispensa de la suma de 30.000 euros, cantidad equivalente a la deuda que Y tenía contraída con el testador.

En este supuesto, el testador lega al legatario-deudor precisamente lo mismo que este le debe, legando al deudor la condonación de la deuda.

Si el legatario lo solicitare, el heredero deberá dar al legatario carta de pago de la suma perdonada. Al igual que el legado de crédito, también este legado comprende los intereses que por la deuda se debieren al morir el testador.

El legado de pago en deuda

No debemos confundir este legado con el anterior. El legado de pago en deuda es aquel cuyo objeto es la deuda que el causante tiene con el lega-

74

tario-acreedor, que le lega la misma cantidad que le debe. Es decir, el testador lega algo para pago de una deuda suya.

El Código Civil establece que el legado hecho a un acreedor no se imputará en pago de su crédito, a no ser que el testador lo declare expresamente. En dicho supuesto, el acreedor tendrá derecho a cobrar el exceso del crédito o del legado. Si lo legado no fuese bastante para liquidar la deuda del testador, subsistirá la obligación por el resto.

Por ejemplo, los señores X e Y, el primero residente en Cádiz y el segundo en Vigo, amigos de la infancia, juegan todas las semanas a las quinielas de fútbol con un solo boleto. Tras muchos años de apostar en las quinielas, finalmente aciertan un pleno al 15, lo que les proporciona un premio de 18.000 euros para los dos. El señor X lo cobra y le comunica al señor Y que le hará una transferencia bancaria a su cuenta en la entidad bancaria Z. Repentinamente, el señor X cae gravemente enfermo y antes de morir hace testamento hológrafo, dejando un legado por 9.000 euros en concepto de la cantidad que debía pagar al señor Y.

LEGADO DE PRESTACIONES PERIÓDICAS

Este legado consiste en atribuir al legatario el derecho a percibir en forma periódica (por semanas, meses o años) una determinada cantidad de dinero u otras cosas, bien durante cierto tiempo o con carácter vitalicio.

El artículo 880 dice al respecto: «Legada una pensión periódica o cierta cantidad anual, mensual o semanal, el legatario podrá exigir la del primer periodo así que muera el testador, y la de los siguientes en el principio de cada uno de ellos, sin que haya lugar a la devolución aunque el legatario muera antes que termine el periodo comenzado». Como vemos, este legado origina un crédito a favor del legatario y una deuda de la persona gravada con el legado, que deben cumplirse de conformidad con lo dispuesto por el causante.

Por ello, el señor X podría disponer en su testamento que se legase a favor de su hermana pequeña Y, aquejada desde su nacimiento de una minusvalía física, una pensión periódica vitalicia de 600 euros mensuales. Los herederos serán los obligados de que Y reciba dicha cantidad mensual hasta su fallecimiento.

El legado confiere un único derecho a la renta o pensión, y el legatario puede exigir la primera prestación una vez muerto el testador, y las siguientes al principio de cada uno de los periodos previstos. En el caso de que el legatario muriera antes de terminar uno de los periodos ya comenzados, no da lugar a la restitución de las cantidades percibidas.

LEGADO DE EDUCACIÓN Y ALIMENTOS

El legado de educación y alimentos es una variedad del legado de prestaciones periódicas, que tiene como finalidad proporcionar al legatario los medios necesarios para su subsistencia o para su educación.

El artículo 879 especifica a este respecto: «El legado de educación dura hasta que el legatario sea mayor de edad. El de alimentos dura mientras viva el legatario, si el testador no dispone otra cosa. Si el testador no hubiere señalado cantidad para estos legados se fijará según el estado o condición del legatario y el importe de la herencia. Si el testador acostumbró en vida dar al legatario cierta cantidad de dinero u otras cosas por vía de alimentos, se entenderá legada la misma cantidad, si no resultare en notable desproporción con la cuantía de la herencia».

En virtud de ello, la señora X podría disponer en su testamento que se legase a su hija Y una pensión de 300 euros mensuales para que pueda cursar los estudios de Ciencias Económicas y Empresariales en la Universidad de Valencia, más una suma indeterminada para sufragar los gastos de matriculación y de los libros que necesite para cursar dichos estudios.

Si el testador no fijase una cantidad determinada, dicha cantidad se determinará según el estado y condición del legatario y el importe de la herencia. Nuestro Código Civil también prevé que, si el testador acostumbró en vida a dar al legatario cierta cantidad de dinero u otras cosas por vía de alimentos, se entenderá legada la misma cantidad, si no resultare en notable desproporción con la cuantía de la herencia. Será el juez quién deberá determinar qué cantidad debe percibir el legatario en proporción al caudal relicto.

El legado de educación dura hasta que el legatario sea mayor de edad. El legado de alimentos dura mientras viva el legatario, si el testador no dispone otra cosa.

Clases de legado	Legado de cosa específica
	Legado de cosa ajena
	Legado de cantidad
	Legado alternativo
	Legado de crédito
	Legado de liberación de deuda
	Legado de pago en deuda
	Legado de prestaciones periódicas
	Legado de educación y alimentos

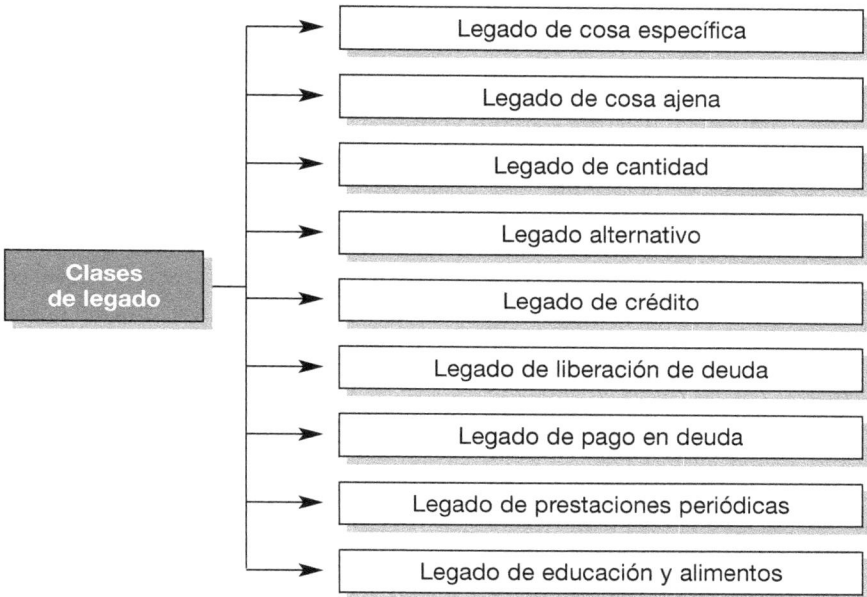

Orden de preferencia entre legatarios

El artículo 887 del Código Civil establece que si los bienes de la herencia no bastan para cubrir todos los legados, el pago se hará en este orden:

— los legados remuneratorios;
— los legados de cosa cierta y determinada, que formen parte del caudal hereditario;
— los legados que el testador haya declarado preferentes;
— los legados de alimentos;
— los legados de educación;
— el resto de legados a prorrata.

Sin embargo, ¿qué ocurre cuando el testador ha dispuesto más legados de los que caben en el patrimonio hereditario?

En el supuesto de que los legados pudieran absorber tal cantidad de patrimonio hereditario del causante que no permitiera satisfacer las legítimas, dichos legados deberán reducirse o anular si es preciso, a prorrata, a no ser que el testador hubiera ordenado la preferencia de alguno de ellos.

Por lo tanto, en primer lugar deberá atenderse a las legítimas, y en segundo lugar, tal y como prevé nuestro ordenamiento, los legados deberán reducirse a prorrata siguiendo el orden de preferencia al considerar que unos son más dignos que otros.

Si se han dispuesto más legados de los que caben en el patrimonio hereditario, deben ser reducidos o, incluso, anulados.

Cuando el legatario no pueda o no quiera admitir el legado, o este por cualquier causa no tenga efecto, dicho legado se destinará de nuevo a la masa de la herencia, con excepción de los casos de sustitución y derecho de acrecer, que examinaremos más adelante.

Las garantías del legado

Para evitar que como consecuencia de una conducta ilícita del heredero el legatario vea frustrado su derecho a percibir el legado, se prevén una serie de garantías. Mientras se procede a la liquidación y partición de la herencia, porque sólo así puede saberse si dichos legados se encuentran dentro de la cuota de que puede disponer el testador y no se perjudica la legítima de los herederos forzosos, la ley trata de impedir que el heredero pueda, mediante enajenaciones o contrayendo deudas que den lugar al embargo de sus bienes, frustrar el derecho de los legatarios.

La ley establece, a favor del legatario, la facultad de solicitar la anotación preventiva de su legado y a promover el juicio de testamentaría.

La anotación preventiva sólo podrá practicarse sobre los mismos bienes objeto del legado en el Registro de la Propiedad, o en función del bien en el registro que corresponda.

Invalidez e ineficacia del legado

El legado quedará sin efecto en los siguientes supuestos:

a) Si el testador transforma la cosa legada, de modo que no conserve ni la forma ni la denominación que tenía. (Se trata de un supuesto de revocación tácita del legado, mediante la voluntad del causante de transformar la cosa objeto del legado. Cuándo debe considerarse transformada una cosa es interpretable, aunque ello no deberá presumirse fácilmente).

b) Cuando el testador enajena por cualquier título o causa la cosa legada o parte de ella, entendiéndose en este último caso que el legado queda sólo sin efecto respecto a la parte enajenada. Si después de la enajenación volviere la cosa al dominio del testador, aunque sea por la nulidad del contrato, el legado no tendrá fuerza como tal. (También es un caso fundado en la presunta voluntad del causante, que implica una revocación del legado. La enajenación válida, aun disponiendo persona distinta del causante, supone la revocación del legado. No supone revocación la nulidad de la enajenación por vicio o defecto en la voluntad de enajenar).

c) Si la cosa legada perece del todo viviendo el testador o después de su muerte sin culpa del heredero. (Este apartado contempla un supuesto de imposibilidad de prestación, y en el caso de que la cosa no pereciere, sino que hubiese sido transformada, nace un derecho de indemnización a favor del legatario).

El pago de los legados

Como hemos visto, el legatario tiene un derecho de crédito contra el heredero o contra la persona gravada, cuya finalidad es obtener el legado en cuestión. Está legitimado para ejecutar y pagar los legados la persona gravada, normalmente el heredero, si bien pueden legalmente hacer pago de algunos legados también el albacea o aquellas personas expresamente autorizadas por el testador. Si la herencia se halla en administración, puede pagar los legados el administrador de la herencia.

Responsabilidad del legatario

El heredero, atendida su condición de relevado en el lugar del causante en virtud de la confusión de patrimonios, responde de las deudas del testador, no sólo con los bienes hereditarios sino además con los suyos propios, salvo en el caso de la aceptación a beneficio de inventario. Con todo, el heredero tiene la facultad de aceptar la herencia a beneficio de inventario, lo que comporta que sólo responderá de las deudas del testador con los bienes de la herencia, dejando al margen su patrimonio personal.

El legatario no continúa la personalidad patrimonial del testador, sino que solamente adquiere un bien o derecho concreto de este.

El legatario, en cambio, no es un continuador de la personalidad patrimonial del testador y sólo adquiere bienes y derechos particulares, por lo cual las deudas del causante no le afectan en absoluto. Sin embargo, cabe la posibilidad que el testador haya impuesto el pago de alguna de sus deudas al legatario como carga o como condición para adquirir el legado. El legatario no es por ello un sucesor en la deuda como lo es el heredero.

No obstante, ¿qué ocurre cuando el testador no nombra ningún heredero y distribuye toda su herencia en legados?

El Código Civil ha previsto esta situación en que toda la herencia se distribuye en legados. Según el artículo 891: «Si toda la herencia se distribuye en legados, se prorratearán las deudas y gravámenes de ella entre los legatarios a proporción de sus cuotas, a no ser que el testador hubiera dispuesto otra cosa».

En dicho caso, los legatarios responderán por las deudas del causante, de tal forma que se prorratearán las deudas y gravámenes de la herencia, entre los legatarios en proporción a sus cuotas, a no ser que el testador hubiese dispuesto otra cosa distinta.

Cada legatario responde de su parte y su responsabilidad es limitada al valor del legado. La cuota es proporcional al valor del legado en relación con el activo líquido de la herencia, de tal forma que las deudas del causante en ningún caso afectarán al patrimonio personal del legatario.

Por otro lado, también el Código Civil admite la posibilidad de que el testador disponga la forma en que deberán pagarse las deudas: en este sentido, el testador puede ordenar que recaigan las deudas no sobre todos los legatarios, sino sobre uno o alguno de ellos; o bien puede el testador disponer la proporción en que las deudas han de dividirse entre ellos.

En virtud de ello, el testador, el señor X, instituye herederos a sus dos hijos y deja tres legados a sus tres primos. Asimismo, dispone expresamente que las deudas que tiene pendientes de satisfacer con la entidad bancaria Z, deberán ser sufragadas únicamente por su primo mayor; ello significa que sólo responderá de sus deudas el legado conferido a este.

Sin embargo, ¿cómo puede afectar una disposición testamentaria que regule el pago de las deudas del causante al derecho de los acreedores a cobrar sus créditos?

En principio es inadmisible que una disposición testamentaria del testador (deudor) pueda afectar y obstaculizar el cobro de los créditos de terceros acreedores.

En cualquiera de los casos, los acreedores no pueden ver perjudicado y limitado su derecho de crédito por la disposición testamentaria realizada por el propio deudor (testador), y estos tienen como garantía de su crédito toda la herencia y pueden reclamar su preferencia de cobro frente a los legatarios.

La legítima

Antecedentes y naturaleza de la legítima

En el derecho romano, el ciudadano podía, con absoluta libertad, disponer de sus bienes mortis causa. Sin embargo, en el último siglo de la República, se reconoció a los parientes más próximos del testador una protección de los herederos intestados (herederos forzosos), por la que el causante les debía nombrar en el testamento y recibir una parte de la herencia (denominada técnicamente la portio legítima), que se fijó en una cuarta parte de la herencia. Si un heredero forzoso no recibía la portio legítima, podía ejercitar una acción revocatoria para impugnar la validez del testamento como injusto.

El derecho romano se opone al antiguo derecho germánico, en la medida en que este último fundamentaba los principios sucesorios en torno a la familia; los herederos, parientes del causante, eran natos y no elegidos y el testador carecía de libertad de testar. Por lo tanto, el destino de los bienes del causante estaba fijado por ley y la voluntad del causante era absolutamente ineficaz: este es el sistema de sucesión forzosa absoluta que regulaba el derecho germánico.

Ambos derechos han ido aproximando sus diferencias y acercando posiciones: en el derecho romano existía desde un principio plena libertad absoluta de testar, que más tarde quedaría limitada por la legítima; en el germánico, por el contrario, no había libertad alguna y, posteriormente, se admitió al testador la facultad de disponer de parte de sus bienes, quedando los demás destinados o reservados por la ley a los parientes más próximos.

Actualmente en los países de cultura occidental podemos distinguir tres sistemas básicos, consecuencia de la evolución del derecho romano y del derecho germánico:

SISTEMA DE LIBERTAD ABSOLUTA DE TESTAR

El causante tiene plena libertad para testar a favor de quien desee y no está obligado a testar a favor de sus parientes, ni la ley establece ninguna imposición en este sentido (no hay sucesión forzosa). Este sistema sucesorio es el que rige en los países anglosajones (Reino Unido, Estados Unidos, Australia, etc.).

SISTEMA DE SUCESIÓN FORZOSA CON PARCIAL LIBERTAD DE TESTAR

Este es el sistema basado en el derecho germánico y la influencia de la Iglesia cristiana, en el que la ley fija el destino de los bienes del causante a favor de sus parientes más próximos. Sin embargo, con el tiempo se introduce una ínfima apertura de este sistema cerrado, con la permisión del testador para poder testar a favor de terceros, siempre conservando lo dispuesto en la ley: este sistema ha sido seguido por Alemania, Francia e Italia, entre otros países.

SISTEMA DE LIBERTAD DE TESTAR CON LEGÍTIMA

Este régimen sucesorio se fundamenta como hemos visto en el derecho romano, y establece como norma fundamental el principio de que debe prevalecer la voluntad del causante, si bien se fija por ley la legítima u sucesión forzosa de una parte de la herencia a favor de determinados parientes y del cónyuge de acuerdo con el precedente romano. Este es el sistema recogido en nuestro Código Civil, códigos de países latinoamericanos, y en otros derechos forales como en la Compilación Catalana.

Concepto de legítima

Nuestro Código Civil define la legítima como una parte de bienes de la herencia que el testador no puede disponer libremente, por haberla reservado la ley a determinados herederos, llamados herederos forzosos o herederos abintestatos.

La legítima es aquella parte de bienes de la herencia de los que el testador no puede disponer libremente.

Etimológicamente, la expresión legítima alude a una cantidad proporcional de la fortuna del causante que debe destinarse necesariamente a personas próximas a aquel, denominados legitimarios. Siguiendo la definición realizada por el profesor Lacruz, la legítima es la cuota a que tienen derecho los parientes en línea recta y el cónyuge de cualquier persona en el patrimonio de esta, a percibir a partir de su muerte si no se recibió en vida.

En virtud de ello, por ejemplo, el señor X posee un negocio de autoescuelas de conducción que funcionan bajo el nombre comercial de «Autoescuelas X», con tres sucursales en Barcelona y otra en Alicante. Teniendo en cuenta la avanzada edad de su fundador y al estar pensando en jubilarse, su hijo, Y, comenzó a ayudarle con vistas a sustituirle en la gerencia del negocio. Tiene, además, una hija mayor casada y dos hijos más pequeños. El señor X, en su testamento, instituye a su hijo Y heredero universal de todos sus bienes, que consisten en el negocio de la autoescuela de conducción y deja a los otros hijos la legítima, que les deberá pagar el hijo nombrado heredero.

Aunque el señor X no hubiera dispuesto nada en testamento a favor del resto de los hijos, estos, por ley, tienen derecho a la legítima, esto es, a una parte de la herencia o derecho a una cuota sobre el patrimonio que ha dejado el padre.

La naturaleza jurídica de la legítima es la limitación a la facultad de disponer del testador, impuesta por normas de derecho sucesorio, y que afecta, como veremos a continuación, al poder de disposición inter vivos de los bienes del causante.

Efectivamente, el legislador ha pretendido proteger, mediante la legítima, a los parientes más próximos del causante: por eso la ley prevé que una cuota de la herencia del causante sea destinada a ciertos familiares del testador, a los que llama herederos forzosos.

Sin embargo, y según veremos más adelante, tal cuota no siempre existe, pues el deber de la legítima puede haberse cumplido entre vivos; esto es, cuando el causante en vida donó bienes a favor de los futuros legitimarios.

La legítima en el Código Civil español

El Código Civil regula el derecho de la sucesión testada siguiendo el sistema romano, esto es, otorgando libertad al testador para disponer libremente de su patrimonio a partir de su muerte, con excepción de la legítima a favor de los parientes más próximos y del cónyuge del causante.

El primitivo régimen sucesorio en España, tras la caída del Imperio romano, se vio influenciado por la legislación visigoda, que introdujo el sistema de la legítima y la mejora, con clara inspiración del derecho germánico, y restringió con ello el anterior sistema de libertad absoluta para testar. Durante la Reconquista, gran parte de los fueros municipales acentuaron el principio de la sucesión forzosa, suprimiendo la mejora y permitiendo tan sólo al testador disponer de una parte de su patrimonio.

El Código Civil ha mantenido en lo sustancial el sistema legitimario anterior y, por tanto, el sistema que acoge de la legítima es un sistema híbrido, producto de las dos concepciones opuestas que hemos visto, como son el derecho romano y el derecho germánico, aunque se puede sostener que predomina el sistema legitimario del derecho germánico, a diferencia de lo que ha ocurrido en otras autonomías españolas con un derecho foral propio (Cataluña, Navarra y Baleares), que han mantenido casi en su integridad el sistema y los principios romanos en orden a la legítima.

El hijo adoptivo tiene la misma condición que cualquier otro hijo. Es importante resaltar el cambio experimentado con la reforma del Código Civil, introducida con la Ley de 13 de mayo de 1981, que estableció la igualdad de derechos entre los hijos matrimoniales y los no matrimoniales, en cumplimiento a lo dispuesto en el artículo 14 y el artículo 39 de la Constitución Española, que regula el principio de igualdad de todos los españoles.

Asimismo, en materia de hijos adoptivos, actualmente queda claro, conforme el artículo 108 del Código Civil, que equipara a la filiación adoptiva con las demás clases de filiación, que en materia de sucesión en general, y de legítimas en particular, el hijo adoptivo tiene la misma condición que cualquier otro hijo.

Los legitimarios

El artículo 807 del Código Civil enumera las personas que tienen la condición de legitimarios o herederos forzosos.

Son las siguientes:

— los hijos y descendientes respecto de sus padres y ascendientes (sean matrimoniales o extramatrimoniales); es decir, en primer lugar los hijos, después los nietos, a continuación los bisnietos, etc.;
— a falta de los anteriores, los padres y ascendientes respecto de sus hijos y descendientes; al igual que la posición jurídica de los hijos, prevalece el grado más próximo, de forma que el padre excluye al abuelo y el abuelo excluye al bisabuelo, etc.;
— en todo caso y concurriendo con los anteriores, el cónyuge viudo será usufructuario de los bienes que le correspondan; su legítima, siempre en usufructo y no en propiedad como el resto de legitimarios, es variable según los legitimarios con quienes concurra.

La Ley 13/2005 de 1 de julio, conocida como la Ley de Parejas de Hecho, ha venido a regular la convivencia entre parejas del mismo sexo, permitiendo a estas contraer matrimonio y garantizarles los plenos derechos y beneficios del matrimonio.

Nuestro ordenamiento considera cónyuges a las personas casadas entre sí, con plena independencia de su sexo.

En este contexto, la ley permite que el matrimonio sea celebrado entre personas del mismo o distinto sexo, con plenitud de igualdad de derechos y obligaciones cualquiera que sea su composición. En consecuencia, los efectos del matrimonio serán únicos en todos los ámbitos con independencia del sexo de los contrayentes.

Por tanto, a partir de dicha ley, los cónyuges que sean parejas del mismo sexo tendrán idénticos derechos en materia sucesoria que los cónyuges de distinto sexo. Por eso se ha procedido a una adaptación terminológica de los distintos artículos del Código Civil que se refieren al matrimonio, así como de las normas del mismo Código que contienen referencias explícitas al sexo de sus integrantes. Así, las referencias a marido y mujer se han sustituido por la mención a los cónyuges o a los consortes, es decir, a las parejas casadas, con independencia de que ambas sean del mismo o de distinto sexo.

En consecuencia, todas las referencias al matrimonio de nuestro ordenamiento jurídico son aplicables tanto al matrimonio de dos personas del mismo sexo como al integrado por dos personas de distinto sexo.

La obligación de la legítima

La legítima se regula por ley y por tanto viene impuesta con independencia de lo que disponga el testador.

La legítima es derecho necesario, esto es, que se configura por normas imperativas, que está sustraída a la libre voluntad y disponibilidad de los sujetos intervinientes. Como hemos visto, la legítima se impone coactivamente al causante, por quedar fuera de la decisión de este.

El artículo 813 del Código Civil dispone que el testador no podrá privar a los legitimarios de su legítima, sino en los casos expresamente determinados por la ley, ni tampoco podrá imponer sobre ella gravamen, ni condición, ni sustitución de ninguna especie, salvo lo dispuesto en cuanto al usufructo del cónyuge viudo.

De igual modo que el testador no puede decidir sobre la legítima, el artículo 813.2 del Código Civil también prevé que toda renuncia o tran-

Herederos forzosos (legitimarios)		
A los hijos y descendientes	**A los padres y ascendientes**	**Al cónyuge viudo**
Dos tercios de la herencia, de los cuales uno (legítima estricta) se repartirá a partes iguales entre ellos. El otro (de mejora) se distribuirá como quiera el testador.	A falta de hijos, corresponderá la mitad de la herencia, salvo si el testador dejase un cónyuge viudo, en cuyo caso sólo les corresponderá un tercio de la herencia.	Dos tercios de la herencia en usufructo si no hay ascendientes ni descendientes. En el caso de que los hubiera, les correspondería un tercio de la herencia en usufructo.

sacción sobre la legítima futura, entre el causante y los legitimarios, es nula y estos podrán reclamarla cuando muera el testador. El artículo 816 establece al respecto: «Toda renuncia o transacción sobre la legítima futura entre el que debe y sus herederos forzosos es nula y estos podrán reclamarla cuando muera aquel; pero deberán traer a colación lo que hubiesen recibido por la renuncia o transacción».

La ley consagra el principio de la inviolabilidad de la legítima, que supone la imposibilidad del testador de interferir sobre la misma; la imposibilidad de los legitimarios de renunciar a la misma antes de la muerte del causante y la imposibilidad de imponer condiciones y gravámenes sobre la misma. El artículo 817 estipula: «Las disposiciones testamentarias que mengüen la legítima de los herederos forzosos se reducirán, a petición de estos, en lo que fueren inoficiosas o excesivas».

Cuantía y pago de la legítima

En primer lugar hay que decir que la cuantía de la legítima no es igual para todos los legitimarios, sino que varía según quiénes sean estos e incluso, y en particular la del cónyuge viudo, es distinta del resto de legitimarios con quien concurra este.

En cualquiera de los casos, como principio fundamental la legítima se calculará en proporción al patrimonio hereditario del causante, el cual se fija, a su vez, teniendo en cuenta el activo y el pasivo. Esto supone:

— en primer lugar, determinar el patrimonio de la herencia (llamado *relictum*), una vez deducidas las deudas y cargas hereditarias que puedan existir;

— en segundo lugar, a ese relictum deben agregarse el valor de bienes que fueron donados en vida por el causante, tanto a legitimarios como a extraños.

En virtud de ello, por ejemplo, la señora X, que tiene dos hijas, instituye heredera universal a la Iglesia católica de todo su patrimonio, consistente en su piso y aparcamiento en Santander (valorados en 300.000 €), en el apartamento de Santa Pola (valorado en 250.000 €), algunas joyas (80.000 €) y un turismo (12.500 €): el global asciende a 642.500 €. De esta cantidad, debe deducirse un pasivo de 60.000 € correspondiente a algunas deudas que tenía pendientes de cancelar, de lo que resulta un relictum de 582.500 €. Al relictum, debe agregarse la donación que realizó tres años antes de su fallecimiento a favor de la Orden de las Carmelitas Descalzas, por importe de 180.000 € para reparar el tejado del Convento de Santa María del Pino: ascendiendo el relictum a la cantidad global de 762.500 €. Una vez fijada la base a partir de la que se fija definitivamente la legítima, pasamos a determinarla. A las dos hijas les corresponde dos terceras partes del haber hereditario (762.500 €) como cuota legitimaria, esto es, la cantidad de 508.333,333 € para ambas hijas.

Finalizadas las prácticas contables, el legitimario tiene ya su cuota o quantum que ha de percibir en bienes de la herencia en el momento de la partición. El testador ha de disponer de bienes hasta igualar su montante a favor del legitimario, pero tiene amplia libertad para señalar el título por el que llama al heredero o legitimario. En tal sentido, establece el Código Civil que el heredero forzoso a quien el testador haya dejado por cualquier título menos la porción que le correspondería por la legítima, en cuyo caso, podrá pedir el complemento de la misma. El artículo 815 establece que el heredero forzoso a quien el testador haya dejado por cualquier título menos de la legítima que le corresponda, podrá pedir el complemento de la misma.

Lo normal es que el causante designe como herederos de su patrimonio a sus hijos, o en su defecto, a los descendientes. Tal llamamiento no borra en modo alguno la condición de legitimarios de los mismos, que les facultará para ejercitar acciones protectoras de la legítima si no se benefician de la herencia por lo menos en el quantum legal, que les corresponde en concepto de legítima.

Las donaciones hechas a legitimarios se imputan a su legítima, salvo que el donante o causante hubiera dispuesto expresamente que no se imputara. Las donaciones hechas a no legitimarios se imputan a la parte de libre disposición del testador. Del mismo modo ocurre con la herencia o legado dispuesto en testamento a favor de un legitimario, que se imputa a la legítima. Cuando la donación se ha realizado a favor de una persona que no es legitimario, esta se imputa a la parte de libre disposición que tiene el causante.

Cuando el testador ha dispuesto por donaciones y por legado más de lo que contiene la parte de libre disposición y por unas o por otras no hay bienes suficientes para pagar las legítimas, se procede a la reducción en la forma siguiente: primero de los legados y después de las donaciones que perjudiquen a la legítima; los legados se reducen a prorrata, a no ser que el testador hubiera señalado alguna preferencia, y las donaciones se reducen o rescinden si es preciso por orden inverso de antigüedad (se empieza por la donación de fecha más reciente).

Cuantía de la legítima

Una vez establecidos quiénes son los legitimarios en nuestro Código Civil, también se recoge el contenido de su derecho, que se calculará y atribuirá en la forma y proporciones que veremos a continuación.

La cuantía de la legítima no es igual para todos los legitimarios sino que varía según quiénes sean estos e incluso la del cónyuge viudo es distinta según quiénes sean los demás legitimarios con quien concurra el cónyuge.

Una vez se ha calculado el relictum, habrá que establecer la fracción constitutiva de la legítima en función de los herederos forzosos.

LEGÍTIMA DE LOS HIJOS Y DESCENDIENTES

Respecto a su cuantía y distribución, el artículo 808 del Código Civil dispone que constituye la legítima de los hijos y descendientes las dos terceras partes del haber hereditario del padre y de la madre. Sin embargo, los hijos y descendientes podrán disponer de una parte de las dos, que forman la legítima, para aplicarla como mejora (el concepto de mejora lo veremos a continuación) a sus hijos o descendientes. La legítima de los hijos y descendientes es de dos tercios, de los cuales uno puede dedicarse por el causante a mejorarlos.

Para cuantificar la legítima, una vez aplicada toda la normativa para determinar el relictum (activo menos pasivo, más donaciones), habrá que dividir el patrimonio así fijado en tres partes iguales a disponer de la siguiente manera:

— de una tercera parte puede disponer libremente el causante (el tercio de libre disposición);
— de otra tercera parte no puede disponer, sino que debe ser destinada a los hijos o descendientes legitimarios a partes iguales (es la llamada legítima corta o estricta);
— de la otra tercera parte restante, el testador puede disponer, pero sólo a favor de uno u otro o todos los legitimarios hijos o descendientes (es la llamada mejora, que junto a la legítima estricta es denominada legítima larga).

Los hijos reciben esta legítima per cápita individualmente y por partes iguales, a no ser que alguno de ellos haya sido mejorado de forma expresa por el testador.

Si uno de estos no puede adquirir la legítima por haber muerto antes o por haber sido desheredado o ser indigno, su puesto como legitimario lo ocuparán sus propios hijos o descendientes más próximos, y así sucesivamente.

El derecho de representación

Este es el derecho de representación, en que los hijos sustituyen a los padres muertos antes y los nietos a los hijos y, en consecuencia reciben la legítima por estirpes. De tal forma que, viviendo el hijo, no será legitimario el nieto, o los nietos, pero si aquel ha premuerto al causante o ha sido desheredado, los nietos serán legitimarios repartiéndose entre todos ellos (in estirpe) la legítima que a su padre, hijo del causante, le correspondía.

LEGÍTIMA DE LOS PADRES O ASCENDIENTES

A falta de descendientes (hijos, nietos), son legitimarios los ascendientes (padres, abuelos).

En segundo lugar, y a falta de los anteriores, los padres y ascendientes serán legitimarios respecto de sus hijos y descendientes. Por lo tanto, la legítima de los padres y ascendientes es subsidiaria, pues requiere que el causante (hijo de aquel) carezca de hijos o descendientes, que son los primeros legitimarios.

La cuantía de la legítima viene especificada en el Código Civil, cuando se dice que corresponde a los padres y ascendientes la mitad del haber hereditario del hijo y descendiente. El artículo 809 dispone: «Constituye la legítima de los padres o ascendientes la mitad del haber hereditario de los hijos y descendientes, salvo el caso en que concurrieren con el cónyuge viudo del descendiente causante, en cuyo supuesto, será de una tercera parte de la herencia».

Sin embargo, no corresponde la mitad cuando el causante deja cónyuge viudo, en cuyo caso la legítima que correspondería a los padres sería sólo de una tercera parte de la herencia. El modo de distribuirse esta legítima entre padres (que pueden ser uno o los dos) y ascendientes (que pueden ser muchos, paternos y maternos) también se establece en el Código Civil con base a los siguientes criterios:

— preferencia absoluta de la proximidad de grado;
— la no-aplicación del derecho de representación;
— sucesión por línea en igualdad de grado.

Cuando el testador no deje padre ni madre, pero sí ascendientes del mismo grado (dos abuelos por ejemplo) de las líneas paterna y materna, se dividirá la legítima por mitad entre ambas líneas.

Si no viven los padres y los ascendientes son de grado diferente (por ejemplo, un abuelo y un bisabuelo), corresponderá la legítima por entero a los más próximos de una u otra línea.

Legítima del cónyuge viudo

El cónyuge superviviente es tenido como legitimario en el Derecho español, si bien su legítima tiene unas características particulares. La legítima del cónyuge superviviente es en usufructo (para uso y disfrute), no en propiedad, y en cuantía variable según los legitimarios con quienes concurra, a diferencia de lo que ocurre en el Derecho Sucesorio catalán, en el que el cónyuge viudo recibe la cuarta parte de los bienes en propiedad de la herencia del causante si no había descendientes comunes, o en usufructo si había descendientes comunes.

Es presupuesto necesario de la legítima del cónyuge sobreviviente la existencia de un matrimonio vigente con el causante, o bien, que los cónyuges no estuviesen separados, y en caso de separación fuese por culpa del premuerto.

En caso de declaración de nulidad de un matrimonio, no hay legítima para el que fue cónyuge, y tampoco lo hay para los ex cónyuges de un matrimonio disuelto por divorcio.

La cuantía de la legítima del cónyuge viudo es —como antes se ha dicho— siempre en usufructo, y es variable según la concurrencia con otros legitimarios y simultánea con la de estos.

Vamos a ver los distintos supuestos que pueden darse en función de esa concurrencia.

Concurrencia con hijos o descendientes comunes

Cuando el cónyuge viudo concurre con hijos o descendientes de su cónyuge causante (sean comunes o no, matrimoniales o extramatrimoniales) tendrá derecho a la legítima de un tercio en usufructo de la herencia, esto es, el usufructo recae sobre el tercio destinado a mejora.

Concurrencia con ascendientes

Si el cónyuge viudo concurre con ascendientes de su cónyuge-causante, la legítima es el usufructo de la mitad de la herencia.

Concurrencia con hijos del difunto

Si el cónyuge viudo concurre sólo con hijos adulterinos legitimarios (hijos sólo del difunto), se extiende la cuantía del usufructo a la mitad de la herencia, que será sobre el tercio de mejora, gravando el resto el tercio de libre disposición.

Concurrencia con otros herederos

Si el cónyuge viudo no concurre con ningún otro legitimario, es decir, que el cónyuge superviviente es el único legitimario, la legítima que le corresponde es el usufructo de dos tercios de la herencia. El cónyuge supérstite es legitimario y no tiene más derecho que a la adquisición de un usufructo legal; es un sucesor singular, pero no es un heredero, y por lo tanto no responde de las deudas de la herencia y cabe conmutar su legítima por una cantidad de dinero, reduciendo así su carácter a una cantidad económica.

La conmutación del usufructo viudal

El Código Civil permite a los herederos la conmutación del usufructo viudal, evitando los inconvenientes jurídicos, económicos y hasta familiares de gravar en usufructo parte de los bienes de la herencia del cónyuge premuerto. Si son varios los herederos, deberán obrar por unanimidad pues no pueden imponer una conmutación parcial.

De esta forma, los herederos podrán satisfacer al cónyuge su parte de usufructo, asignándole:

— una renta vitalicia, que puede ser modificada en función del incremento de los precios;
— los productos de determinados bienes;
— una suma de dinero en efectivo.

El cónyuge viudo no tiene iniciativa para la conmutación, ni puede oponerse a ella si así lo decidieran los herederos. La única iniciativa que tiene el cónyuge viudo en la conmutación es en el supuesto de que concurra con hijos falsos de su cónyuge causante, pudiendo exigir que el usufructo que grave la parte que reciban los hijos le sea satisfecho a elección de estos (estos tienen la opción, una vez decidida la conmutación por el viudo), asignándole un capital en dinero o un lote de bienes hereditarios.

La mejora

Como hemos visto anteriormente, en relación con la legítima de los hijos y descendientes, podemos distinguir tres partes: dos tercios de legítima larga, de los cuales uno de ellos corresponde a la legítima estricta, y el otro, al tercio de mejora. El tercio restante es de libre disposición del testador.

La mejora es una parte de la legítima larga. El tercio de legítima corta es el tercio que se dividirá en partes iguales entre los hijos o descendientes (dando como resultado una legítima larga). En cambio, cuando dicho tercio es atribuido de forma concreta y particular a uno de los hijos o descendientes, es lo que denominamos mejora. Si los padres no utilizan el tercio de mejora a favor de alguno de los hijos, no puede hablarse de tercio de mejora, sino de los dos tercios de legítima (legítima larga).

El artículo 823 del Código Civil establece que el padre o la madre podrán disponer a favor de alguno o de algunos de sus hijos o descendientes, de una de las dos terceras partes destinadas a la legítima, con independencia de que estos sean hijos naturales o adoptivos.

En virtud de ello, por ejemplo, si el señor X tuviese un caudal computable de 541.000 euros y tres hijos (Y, Z y A), les corresponderían como legitimarios dos terceras partes de la herencia (atendiendo a la legítima larga), por lo que cada uno de ellos debería recibir 120.000 euros aproximadamente por la legítima. Sin embargo, el señor X mejora en 90.000 euros a su hijo Y por haber cuidado de él hasta su muerte, por lo que Z y A recibirán 90.000 euros cada uno, e Y, en consecuencia, 180.000 euros.

Por lo tanto, la expresión *tercio de mejora* indica simplemente el límite máximo de lo que el causante puede asignar a un descendiente en calidad de mejora.

El legislador ha creado, al lado de la legítima y del tercio de libre disposición, una figura intermedia que es un poder de disposición de carácter limitado, en tanto que los mejorados han de ser necesariamente hijos o descendientes del causante, y sobre la mejora no puede imponer el testador gravámenes que no sean en favor de ellos (artículo 824 del Código Civil).

Con el tercio de mejora el testador puede aumentar la legítima de un heredero forzoso.

Los sujetos de la mejora

La mejora requiere una concurrencia plural de descendientes, sin que sea preciso que se encuentren en igualdad de grado. En este sentido, el testador puede mejorar a un nieto cuando la legítima pertenece a los hijos del testador.

La mejora es un acto de voluntad del testador, un poder o facultad del mismo, que ejercita al conceder la parte de mejora (un tercio) a uno o varios de sus legitimarios hijos o descendientes o a todos por igual. El único sujeto capaz de mejorar es siempre el causante de la sucesión. La facultad de mejorar es de carácter personalísimo, pues esta no puede encomendarse a otro, con excepción de que el testador haya previsto en su testamento que sea el viudo o viuda que no haya contraído nuevas nupcias la persona que distribuya, a su prudente arbitrio, los bienes del difunto, y mejore en ellos a los hijos comunes, sin perjuicio de las legítimas y de las mejoras y demás disposiciones del causante.

Los beneficiados de la mejora pueden serlo los hijos o descendientes, sean matrimoniales o adoptivos. Pero es importante subrayar que el tercio de mejora no tiene que distribuirse entre los que son legitimarios únicamente, pues es posible mejorar a descendientes que no sean legitimarios.

Según esta disposición, un testador puede mejorar a su nieto en vida de los padres haciéndole una donación que tiene el carácter de mejora de su herencia a su favor. El hijo del testador y padre del nieto será por tanto el legitimario.

Clases de mejoras

Se pueden distinguir diversas clases de mejora, atendiendo a la forma, expresa o tácita, a la atribución de la mejora, por acto inter vivos o mortis causa, testamentario o contractual, y a su objeto:

Cabe distinguir las siguientes formas de mejora:

a) Por la forma de disponerse. Puede ser expresa o tácita. La mejora es expresa cuando se declara y dispone expresamente como mejora; y es tácita, cuando sin declararse como mejora, se ordena un legado en testamento a favor del legitimario, que no quepa en el tercio de libre disposición o se dispone una sustitución fideicomisaria que recae sobre el tercio de mejora a favor de los descendientes, constituyendo una mejora tácita a favor de los nietos o descendientes de último grado.

También cabe entender que existe mejora tácita cuando el testador la atribuye sin decirlo expresamente, al disponer la legítima estricta a los hijos y el resto de la herencia a sólo uno de ellos.

b) Por la atribución. Se distinguen los siguientes tipos:

— mejora atribuida por testamento;
— mejora atribuida por donación;
— mejora atribuida en capitulaciones;
— mejora atribuida en pacto sucesorio.

La mejora atribuida por testamento es el modo más claro de establecerla. El artículo 828 del Código Civil especifica lo siguiente: «La manda o legado hecho por el testador a uno de sus hijos o descendientes no se reputará mejora, sino cuando el testador haya declarado expresamente ser esta su voluntad, o cuando no quepa en la parte libre».

En la mejora atribuida por donación, en cambio, el testador declara expresamente su voluntad de mejorar. El artículo 825 del Código Civil permite que la mejora se haga por la vía de donación cuando dictamina: «Ninguna donación por contrato entre vivos, sea simple u onerosa, a favor de los hijos o descendientes que sean herederos forzosos, se reputará mejora, si el donante no ha declarado de una manera expresa su voluntad de mejorar».

Al mismo tiempo que permite la mejora por la vía de donación entre vivos, señala que la donación hecha al heredero forzoso para reputarse mejora debe contar con la voluntad, declarada de una manera expresa, del donante en este sentido.

Por lo que se refiere a la mejora atribuida en capitulaciones, el artículo 827 establece lo siguiente: «La mejora, aunque se haya verificado con entrega de bienes, será revocable a menos que se haya hecho por capitulaciones matrimoniales o por contrato oneroso celebrado con un tercero».

Por lo tanto, se admite la posibilidad como una excepción de revocar la mejora el que se haya hecho en capitulaciones matrimoniales con entrega de bienes.

En la mejora atribuida en pacto sucesorio, en cambio, deben distinguirse las promesas de mejorar y no mejorar, así como la mejora hecha por contrato oneroso con tercero.

La promesa de mejorar y no mejorar es una tradición histórica que se recoge en el artículo 826, que dice así: «La promesa de mejorar o no mejorar, hecha por escritura pública en capitulaciones matrimoniales, será válida. La disposición del testador contraria a la promesa no producirá efecto».

Las promesas de mejorar o no mejorar serán válidas cuando se hagan en capitulaciones matrimoniales por escritura pública.

Objeto de la mejora

El objeto de la mejora puede ser de cantidad o de cosa cierta. En el primer caso, si la mejora no hubiese sido señalada en cosa determinada, el artículo 832 establece que sea pagada con los mismos bienes hereditarios, observándose las reglas que prevén la igualdad de los herederos en la partición de los bienes.

En virtud de este principio, un padre puede dejar a su hijo el tercio de mejora de su herencia.

En el segundo —es decir, la mejora de cosa cierta—, la mejora queda subordinada a la cuota legal máxima en que la mejora puede consistir, de tal forma que si el valor de la cosa excediera del tercio de mejora y del de legítima, el mejorado deberá abonar la diferencia a los demás legitimarios.

De este modo, por ejemplo, el señor X deja a su hijo Y, como mejora, la casa en que habitan con todos los enseres y muebles que en ella se contienen.

En el supuesto que el valor de la casa, y lo que hubiera dentro de la misma, excediese del tercio destinado a la mejora y de la parte de legítima correspondiente al mejorado, Y deberá abonar la diferencia en metálico a los demás interesados.

Aceptación y repudiación de la mejora

Nuestro Código Civil es muy claro en este sentido cuando en su artículo 833 establece: «El hijo o descendiente podrá renunciar a la herencia y admitir la mejora».

Este artículo sigue la misma línea que el artículo 890, que permite al heredero repudiar la herencia y aceptar esta o viceversa. A pesar de que esta última posibilidad no se expresa en el artículo 833 (repudiar la mejora y aceptar la herencia), hay que darla por sobreentendida por obedecer al mismo principio de independencia entre herencia y legado, y por ende, al de independencia entre herencia y mejora.

A modo de conclusión, cabe decir que la mejora tiene una gran importancia en cuanto supone la adquisición de los bienes que forman parte del tercio de mejora, integrante de la legítima larga por uno o por varios de los hijos legitimarios, a quienes el causante les ha atribuido la mejora.

Un supuesto muy común es cuando el testador no ha atribuido la parte de la mejora de forma concreta a uno o varios legitimarios, y por lo tanto esta es adquirida a partes iguales por todos los hijos o descendientes legitimarios, que han repartido por igual la legítima larga que incluye la mejora (caso en que se dice que ninguno de los legitimarios ha sido mejorado, cuando en realidad todos los legitimarios han recibido por igual la mejora).

A la mejora, como parte de la legítima, le es aplicable el principio de inviolabilidad de la misma; ello significa que no cabe imponérsele gravamen, condición o sustitución. Sin embargo, sí cabe que se impongan cargas a la mejora en beneficio de otros posibles beneficiarios de la mejora, concretamente posteriores descendientes de conformidad con lo que establece el artículo 824, que dice lo siguiente: «No podrán imponerse sobre la mejora otros gravámenes que los que se establezcan en favor de los legitimarios o sus descendientes».

La preterición

La preterición es la omisión de un legitimario en el testamento, sin que el mismo haya recibido atribución alguna en concepto de legítima.

Por ejemplo, si el señor X tiene cuatro hijos, uno fruto de una relación extramatrimonial, y los otros tres resultado de su matrimonio, en su testamento puede instituir herederos universales a sus tres hijos legítimos, sin hacer mención alguna al que no ha reconocido. Este es un ejemplo claro de preterición, en la medida en que este último hijo, en su condición de legitimario, ha sido omitido del testamento.

La omisión de un legitimario en el testamento se denomina preterición.

A la vista de la regulación vigente contenida en el artículo 814, la preterición no es meramente el olvido de un legitimario en el testamento, sino que además requiere no haber percibido nada en concepto de legítima, porque si el legitimario hubiera percibido algo como legítima, por cualquier título, pero sin llegar al quantum que le correspondería, sólo podrá acudir al juez para solicitar un complemento de la legítima (acción de complemento de legítima).

Debemos distinguir si el hecho de olvidarse en testamento a un heredero forzoso es debido a un acto voluntario del causante o si es debido a un error.

El artículo 814 no define la preterición, sino que expresa sus efectos tras decir que «la preterición de un heredero forzoso no perjudica la legítima». Dicho lo cual, distingue los efectos en función de si la preterición ha sido intencional o debida a un error.

La preterición es intencional cuando el testador no ha mencionado ni ha hecho atribución alguna al legitimario en el testamento, sabiendo que este existe; por lo que se supone que dicha omisión por parte del causante es intencionada, movido por el odio, o también por el deseo de no publicar una relación de paternidad extramatrimonial, o por otros motivos.

La preterición es errónea cuando el testador no ha mencionado a su hijo o descendiente legitimario suyo porque ignoraba su existencia. Ello puede suceder cuando el testador, producto involuntario de la negligencia, no rectifica un testamento anterior a la vista de nuevos acontecimientos: en un testamento primitivo, el testador omitió al legitimario porque ignoraba su existencia y luego ha descuidado la revocación de esas disposiciones y ha fallecido sin revocar.

Requisitos de la preterición

Son los siguientes:

— la omisión del legitimario en el contenido patrimonial del testamento;
— la no atribución de ningún bien en concepto de legítima; en el supuesto de que se reciba algo, no habrá preterición, sino complemento de legítima;
— que la omisión y no atribución de ningún bien se refiera a alguno o todos los legitimarios preexistentes, al otorgarse el testamento, o nacidos después;
— que estos legitimarios sobrevivan al testador: si mueren antes que el testador, el testamento surtirá todos sus efectos.

Efectos de la preterición

Los efectos de olvidar la mención de un heredero forzoso en el testamento se activan en función de si dicha omisión fue intencionada o involuntaria, es decir, tal y como la doctrina ha distinguido entre preterición intencionada y preterición forzosa.

Los efectos de la preterición intencional se concretan en una reducción de las disposiciones testamentarias a fin de salvar la legítima del heredero forzoso (el preterido). Es decir, que el legitimario va a percibirla con cargo al caudal, ingresando en la comunidad de herederos como un sucesor universal más, aunque no por la misma cuota de los otros sino la representada por su legítima.

En consecuencia, no se reduce la legítima de los restantes coherederos: no se le hace un sitio al nuevo legitimario con los demás, sino que se le reenvía a participar de la parte asignada a los instituidos herederos, y sólo si esta no es suficiente, se dirigirá contra los legatarios, y una vez agotados los legados, contra los donatarios.

El preterido deberá satisfacerse, primero en los bienes que comprende la institución del heredero, hasta que cubra su legítima, reduciendo en lo preciso las cuotas de los herederos instituidos por el testador, sean o no legitimarios, proporcionalmente, y en tanto la reducción no perjudique a las legítimas de dichos instituidos.

Los efectos de la preterición errónea son distintos según se haya preterido a todos los legitimarios hijos o descendientes o sólo a alguno de ellos.

Si resultan preteridos todos los legitimarios, se anularán las disposiciones testamentarias de contenido patrimonial. Cuando sólo se haya preterido a alguno de ellos, se anulará la institución de heredero, pero valdrán las mejoras ordenadas por cualquier título. No obstante, la institución de heredero a favor del cónyuge sólo se reducirá en cuanto perjudique a las legítimas.

Derecho de representación

Para evitar la preterición se establece, en nuestra legislación, un derecho de representación en la sucesión testada, aunque sólo en el supuesto del testamento del padre a favor de sus hijos, y cuando uno de estos muere antes, dejando a su vez hijos (nietos del causante), los cuales no quedarán preteridos porque ocuparán, por derecho de representación, el puesto de su padre, premuerto al testador.

101

Por ejemplo, si un padre instituye en su testamento a sus tres hijos, A, B y C herederos universales de todos sus bienes. Un mes antes de fallecer, su hijo C tiene un accidente con tal mala fortuna que muere. C deja esposa y dos hijos de cuatro y seis años. La cuota de herencia dejada en testamento, que correspondería a C, pasa por derecho de representación a sus dos hijos pequeños por mitades iguales.

La desheredación

El Código Civil establece que la desheredación es la disposición testamentaria por la que el causante priva al legitimario de su carácter de tal y de su porción legitimaria, en virtud de las causas establecidas taxativamente por la ley.

Desheredar a un hijo sólo es posible si concurre alguna de las causas que establece el Código Civil.

Por lo tanto, la desheredación tiene lugar cuando el testador declara expresamente privar al legitimario de participar en su herencia, especificando que lo hace por haber incurrido este en alguna de las causas taxativamente previstas por la ley: causas que deben ser infracciones graves contra la esfera moral o física del testador o su familia.

Debemos distinguir entre las causas de indignidad y las causas de desheredación que pueden llevar a confusión. Las causas no son las mismas; la indignidad puede recaer sobre cualquier heredero, mientras que la desheredación, por su propio concepto, se refiere a los legitimarios. La indignidad opera en cualquier tipo de sucesión, siempre que no haya sido perdonada, por su sola presencia, y sin necesidad de que sea conocida del causante; mientras que la otra sólo opera si así lo dispone expresamente el causante en testamento.

Por tanto, para ser válida la desheredación, ha de quedar plasmada expresamente en el testamento, expresando la causa en que se funda la misma, que no puede ser otra causa distinta que las señaladas por la ley.

Asimismo, la desheredación ha de ser total, no siendo admisible la parcial. Es decir, que la desheredación supone la privación total de la legítima, y no parte de ella.

102

Causas de desheredación

En primer lugar, debe quedar claro que puede ser desheredado todo legitimario, es decir, los descendientes, ascendientes y cónyuge. Las causas de desheredación están enumeradas en los artículos 852 a 855 del Código Civil. A continuación se enumeran las causas de desheredación de los hijos y descendientes, de los padres y ascendientes, y del cónyuge, de conformidad con lo que establece nuestro texto legal.

CAUSAS DE DESHEREDACIÓN DE LOS HIJOS Y DESCENDIENTES

Serán justas causas para desheredar a los hijos y descendientes, además de las señaladas en el artículo 756 del Código Civil, y que hemos visto en el capítulo de la indignidad, las causas siguientes que relacionamos a continuación:

— haber negado, sin motivo legítimo, los alimentos al padre o ascendiente que le deshereda;
— haberle maltratado de obra o injuriado gravemente de palabra; no es necesario que haya habido condena en sentencia penal;
— haberse entregado la hija o la nieta a la prostitución.

CAUSAS DE DESHEREDACIÓN DE LOS ASCENDIENTES

Serán justas causas para desheredar a los padres y ascendientes, además de las señaladas en el artículo 756, por indignidad, las siguientes:

— haber perdido la patria potestad por las causas expresadas en el artículo 170, que dice al respecto: «El padre o la madre podrán ser privados total o parcialmente de su potestad por sentencia fundada en el incumplimiento de los deberes inherentes a la misma o dictada en causa criminal o matrimonial. Los Tribunales podrán, en beneficio o interés del hijo, acordar la recuperación de la patria potestad cuando hubiere cesado la causa que motivó la privación»;

— haber negado los alimentos a sus hijos o descendientes sin motivo legítimo;
— haber atentado uno de los padres contra la vida del otro, si no hubiera habido entre ellos reconciliación; no se exige la condena en juicio.

CAUSAS DE DESHEREDACIÓN DEL CÓNYUGE

Además de las señaladas en el artículo 756, por indignidad, son justa causa de desheredación las siguientes que relacionamos a continuación:

— haber incumplido grave o reiteradamente los deseos conyugales;
— las que dan lugar a la pérdida de la patria potestad conforme al artículo 170 del Código Civil;
— haber negado alimentos a los hijos o al otro cónyuge; debe presuponerse por coherencia que no ha habido motivos legítimos;

Causas de desheredación		
A los hijos y descendientes	**A los padres y ascendientes**	**Al cónyuge viudo**
• Haber negado los alimentos al progenitor que los deshereda. • Haberlo maltratado de obra o injuriado gravemente de palabra. • Haberse entregado la hija o la nieta a la prostitución.	• Haber perdido la patria potestad. • Haber negado los alimentos a sus hijos o descendientes. • Haber atentado uno de los progenitores contra la vida del otro.	• Haber incumplido grave o reiteradamente los deseos conyugales. • Haber incurrido en alguna de las causas que dan lugar a la pérdida de la patria potestad. • Haber negado alimentos a los hijos o al otro cónyuge. • Haber atentado contra la vida del cónyuge testador.

— haber atentado contra la vida del cónyuge testador, si no hubiese mediado reconciliación.

La causa de desheredación tiene que ser cierta y debe acreditarse, es decir, que no es suficiente con manifestarla. Debe haberse designado al legitimario a quien se refiere, claramente y sin dudas, del mismo modo que la institución de heredero.

Los efectos de la desheredación

Los efectos de la desheredación serán distintos cuando esta sea justa o injusta. Vamos a examinar cuando nos encontramos ante cada caso.

LA DESHEREDACIÓN JUSTA

La desheredación realizada por una causa justa tiene como primer efecto privar al heredero de la legítima. El desheredado de justa causa queda privado de toda participación, no sólo en los derechos legitimarios sino en la sucesión intestada y asimismo en cuantas disposiciones de testamentos anteriores que se pudieran, sin ella, entender subsistentes. Sin embargo, las donaciones que hubiera otorgado el testador al desheredado no quedan revocadas por la desheredación posterior.

Si el desheredado tiene hijos o descendientes legítimos, el artículo 929 del Código Civil admite el derecho de representación de estos («No podrá representarse a una persona viva sino en los casos de desheredación o incapacidad»). En el mismo sentido, el artículo 857 señala que los hijos del desheredado ocuparán su lugar y conservarán los derechos de herederos forzosos respecto de la legítima.

LA DESHEREDACIÓN INJUSTA

La desheredación injusta tiene lugar cuando no hay causa legal o no se cumplen los requisitos fijados por la ley. El primer inciso del artículo 851 lo expresa diciendo «que la desheredación hecha sin expresión de causa, o por causa cuya certeza, si fuere contradicha, no se probare, o que no sea una de las señaladas en los cuatro siguientes artículos, anulará la institución de heredero en cuanto perjudique al desheredado; pero valdrán los legados, mejoras y demás disposiciones testamentarias en lo que no perjudiquen a dicha legítima».

El ordenamiento pretende dar una protección a la legítima, entendiendo esta como inviolable, y que tan solo puede privarse en casos muy graves y anómalos. En el supuesto en que no se den estos casos, nuestro derecho protege al desheredado injustamente.

El efecto de la desheredación injusta es análogo al de la preterición intencional: ello supone que la satisfacción de la legítima del desheredado injustamente, que se realizará a costa de la parte de herencia comprendida en los dos tercios vinculados a dicha legítima, es decir, como si se redistribuyeran estos dos tercios de la masa computable a efectos de la legítima entre todos los legitimarios, incluido el desheredado.

La causa de desheredación en que ha incurrido el legitimario puede ser utilizada por el testador o no. Si no hace uso, no habrá efecto alguno para ello porque no habrá desheredación aunque haya habido causa para ello.

También puede suceder que, tras haberse producido la causa de desheredación, haya una reconciliación o el perdón del ofendido. La reconciliación supone una relación bilateral ante el causante y el legitimario ofensor. El perdón es un acto unilateral del testador: ha de ser especial y concreto con la causa de la desheredación. Es decir, que no basta el perdón general como fórmula amplia que pueda utilizar el testador: el perdón deber ser conciso para el supuesto concreto de desheredación.

La sucesión intestada

Cuando el causante no ha hecho testamento estamos ante la sucesión intestada o abintestato. No obstante, la sucesión intestada puede coexistir con la testada: ocurre cuando esta no comprende el total haber hereditario del causante.

Aun existiendo testamento, si este no llega a aplicarse por premoriencia o repudiación del heredero instituido en el testamento, también serán de aplicación las normas de la sucesión intestada.

Existen diversas clases de sucesión mortis causa por razón de su origen: la sucesión testada (por testamento); la sucesión intestada o forzosa; y la sucesión contractual, no admitida en nuestro derecho.

Hemos visto la sucesión testada, y ahora vamos a examinar la sucesión intestada o forzosa.

Cuando no existe testamento válido nos hallamos ante la sucesión intestada o abintestato.

Por lo tanto, tal y como dispone el artículo 658, la sucesión intestada tiene lugar cuando el difunto no ha dejado testamento, siendo llamados los herederos por disposición de la ley.

Precedentes históricos

En el derecho romano, la sucesión testada tuvo enorme importancia y fue objeto de una minuciosa regulación. Menos trascendencia tuvo la suce-

107

sión intestada. En el derecho germánico, por el contrario, en un principio, el destino de los bienes venía predeterminado por la ley, en base más al derecho de Familia que al de Sucesiones, por lo que apenas tuvo importancia la sucesión testada.

En el derecho español de la Edad Media, la sucesión intestada permaneció a través de muchos siglos sin modificaciones en sus líneas generales: en el supuesto que el causante no hubiera dejado testamento, la ley llamaba a la sucesión, a los descendientes legítimos, a los ascendientes y a los parientes colaterales, en este orden citado.

En 1835 se dictó la Ley de Mostrencos para regular las adquisiciones de Estado y que, manteniendo en lo fundamental el régimen anterior sobre la sucesión intestada, introdujo las siguientes novedades: se llamó a heredar al cónyuge y los hijos naturales reconocidos; y, en defecto de parientes directos y colaterales, el Estado pasaba a adjudicarse la herencia del causante.

Es importante destacar la Ley de 4 de julio de 1970, que modificó la sucesión intestada de los hijos adoptivos. De este modo, se les reconoció su derecho como herederos forzosos. Sin embargo, ha sido la Ley de 13 de Mayo de 1981 la que más reformas ha introducido en la sucesión intestada desde que se promulgó el Código Civil y que constituye la regulación hoy vigente.

Supuestos de sucesión intestada

La sucesión intestada es una sucesión universal: la ley nombra en ella herederos y no legatarios. Si bien debe tenerse en cuenta, tal y como hemos visto en el tema de la legítima, la posibilidad de la atribución de parte de la herencia a título particular y no universal. Un claro ejemplo es la cuota usufructuaria del cónyuge superviviente en concurrencia con determinados parientes cuando la sucesión es intestada.

La sucesión intestada tiene lugar si se dan una serie de circunstancias. Estos son los supuestos para la procedencia de la sucesión intestada:

— por falta de testamento: cuando una persona muere sin testamento o con testamento nulo, o que ha perdido su validez;

¿Cuándo tiene lugar la sucesión intestada?	Por falta de testamento	Cuando una persona muere sin testamento o con testamento nulo, o bien este ha perdido su validez.
	Por falta de heredero	Cuando falta la condición puesta a la institución del heredero, o este muere antes que el testador o repudia la herencia sin tener sustituto y sin que haya lugar al derecho de acrecer.
	Por falta de contenido del testamento	Cuando el testamento no contiene institución de heredero en todo o en parte de los bienes, o no dispone de todos los bienes que corresponden al testador.
	Por incapacidad del heredero	Cuando el heredero instituido es incapaz de suceder, incluida la indignidad.

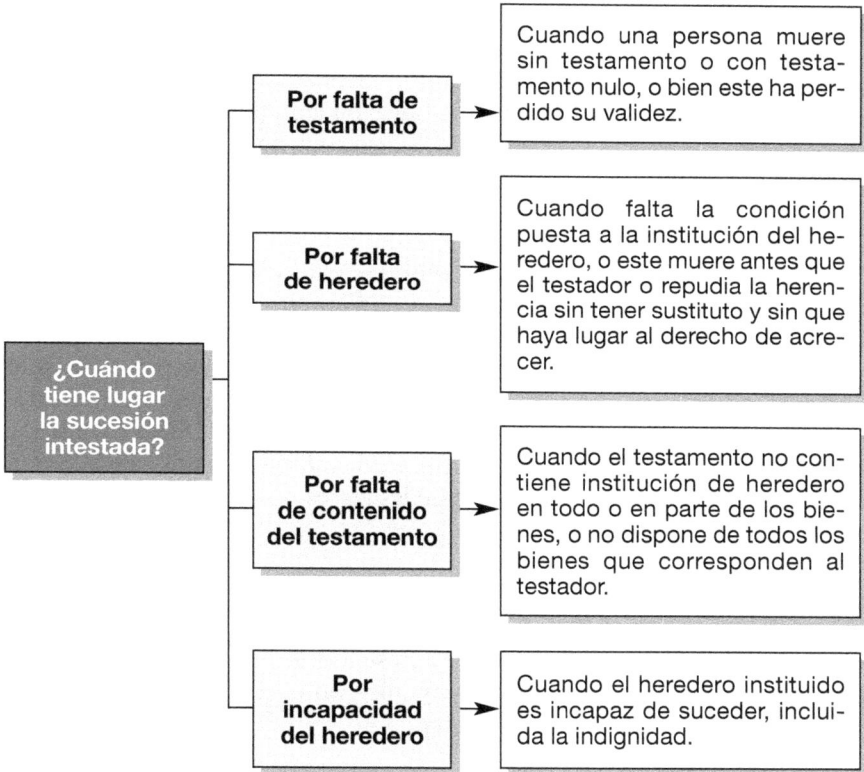

— por falta de heredero: cuando falta la condición puesta a la institución de heredero o este muere antes que el testador, o repudia la herencia sin tener sustituto y sin que haya lugar al derecho de acrecer;

— por falta de contenido del testamento: cuando el testamento no contiene institución de heredero en todo o en parte de los bienes, o no dispone de todos los bienes que corresponden al testador;

— por incapacidad del heredero: cuando el heredero instituido es incapaz de suceder, incluida desde luego la indignidad.

Órdenes de suceder

La sucesión intestada se basa en la proximidad de parentesco entre el causante y el sucesor.

La sucesión intestada se funda siempre (salvo en la delación al Estado) en la relación familiar. El legislador ha considerado que los vínculos familiares son esenciales para determinar quiénes serán los sucesores abintestato (cuando no hay testamento).

Nuestro sistema civil sucesorio combina, como a continuación examinaremos, la sucesión preferente de ascendientes y descendientes con la cuota usufructuaria que le corresponde al cónyuge viudo.

Los posibles sucesores llamados por la ley vienen dados por el artículo 913 del Código Civil, cuando dispone que a falta de herederos testamentarios, la ley defiere la herencia a los parientes del difunto, al viudo o viuda, y al Estado. De este modo, el sistema del Código Civil se plasma en el orden de llamamientos, para el que distingue las clases, los órdenes y los grados.

Las clases

A las clases se refiere el artículo 913 antes aludido. Constituyen clase una persona o grupo de personas cuyo vínculo con el causante es de distinta naturaleza. Así cabe distinguir tres clases:

— los parientes, cuya relación se funda en la consanguinidad o la adopción;
— el cónyuge unido sólo por matrimonio;
— el Estado, sucesor especial a cuya autoridad está vinculado el causante, pero que sucede también para impedir la vacante de las relaciones jurídicas derivadas del fallecimiento del causante.

Las órdenes

Las clases pueden dividirse en órdenes. En particular, la primera clase de parientes se divide, a su vez, en órdenes. Las otras dos clases no pueden

Clases y órdenes de la sucesión intestada

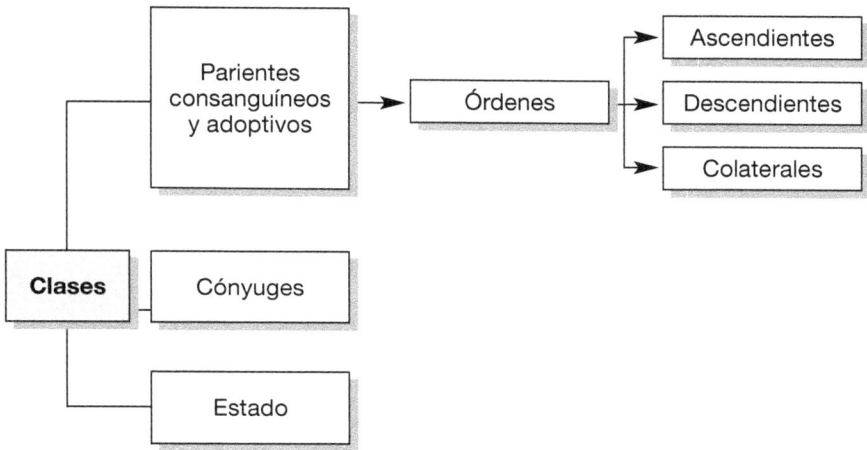

```
Parientes
consanguíneos  →  Órdenes  →  Ascendientes
y adoptivos               →  Descendientes
                          →  Colaterales

Clases    Cónyuges

          Estado
```

ser divididas, pues se componen de una sola persona (el cónyuge o el Estado). Son las siguientes:

— la de los parientes en línea recta descendiente;
— la de los parientes en línea recta ascendente;
— la de los parientes colaterales.

Aquí rige la regla de exclusión sin excepción, de tal forma que los descendientes excluyen absolutamente de la sucesión a los ascendientes, y estos a los colaterales. Pero, en cambio, las dos primeras clases sí pueden mezclarse, en la medida que los parientes más próximos, descendientes, ascendientes o colaterales concurren la herencia con el cónyuge viudo. La preferencia dentro de cada orden la determina el grado de parentesco, según el principio que establece el artículo 921 del Código Civil: « En las herencias, el pariente más próximo en grado excluye al más remoto, salvo el derecho de representación en los casos en que deba tener lugar. Los parientes que se hallaren en el mismo grado heredarán por partes iguales, salvo lo que se dispone en el artículo 949 sobre el doble vínculo».

111

Este precepto no puede entenderse al pie de la letra ya que un bisabuelo es pariente de tercer grado, mientras un hermano materno es de segundo grado, y sin embargo, concurriendo ambos, hereda el ascendiente (bisabuelo). Un tío y un sobrino carnales del causante, por otra parte, son parientes en tercer grado, y el sobrino excluye totalmente a su tío. El precepto entonces ha de entenderse operante dentro de una misma línea (descendentes, ascendientes).

Órdenes de suceder en el Código Civil a falta de testamento

Parientes en línea recta

Como hemos visto, en primer lugar heredan los descendientes con la concurrencia del cónyuge, y no habiendo ningún descendiente, entonces heredan los ascendientes, también con la concurrencia del cónyuge.

DESCENDIENTES

De conformidad con lo que establece el artículo 930 del Código Civil, la sucesión corresponde en primer lugar a la línea recta descendiente.

Los hijos y sus descendientes suceden a los padres y demás ascendientes sin distinción de sexo, edad o filiación. Desaparece la distinción entre hijos matrimoniales y no matrimoniales en la sucesión de los padres, abuelos y bisabuelos.

Los hijos del difunto le heredarán siempre por su derecho propio, dividiendo la herencia en partes iguales. Los nietos y demás descendientes heredarán siempre por derecho de representación, y si alguno hubiese fallecido dejando varios descendientes, la porción que le corresponda se dividirá entre estos por partes iguales. Es decir, que el caudal se divide por estirpes aunque hereden sólo los nietos o sólo los biznietos, recibiendo cada grupo de hermanos lo que hubiera correspondido a su progenitor fallecido, y repartiéndolo por cabezas.

112

Si concurren a la herencia a la vez hijos con posteriores descendientes, a los unos y a los otros se les aplican sus reglas propias antes expuestas, y de conformidad con lo que prevé el artículo 934: si quedaren hijos y descendientes de otros hijos que hubiesen fallecido, los primeros heredarán por derecho propio y los segundos por derecho de representación.

Como antes hemos dicho, la sucesión intestada en la línea recta descendente comprende tanto la matrimonial como la extramatrimonial, así como también la adoptiva por adopción plena.

ASCENDIENTES

La normativa actual establece que a falta de hijos y descendientes del difunto le heredarán sus ascendientes siempre y cuando se den las siguientes circunstancias:

— en el supuesto de concurrencia de padre y madre, o de uno sólo de ellos, el padre y la madre heredarán por partes iguales; en el caso de que sobreviva sólo uno de los padres, este sucederá al hijo en toda su herencia;
— a falta de padre y madre sucederán los ascendientes más próximos en grado, y si hubiere varios ascendientes de igual grado pertenecientes a la misma línea, dividirán la herencia por cabezas; si los ascendientes fueran de líneas diferentes, pero de igual grado, la mitad corresponderá a los ascendientes paternos y la otra mitad a la maternos, y en cada línea de división se hará por cabezas.

Por otra parte, si los ascendientes sólo constan respecto de una línea, paterna o materna, que se da en el caso de reconocimiento sólo por el padre o la madre, la sucesión intestada de la línea recta ascendente corresponde sólo lógicamente, a la línea que reconoció al hijo.

El padre o madre no sucederá abintestato en los casos de privación de los derechos en su herencia, que prevé el artículo 111. Son los siguientes:

— cuando haya sido condenado a causa de las relaciones a que obedezca la generación, según sentencia penal firme;

113

— cuando la filiación haya sido judicialmente determinada contra su oposición.

Este último caso puede ser invalidado si el representante legal del hijo, con aprobación judicial, o el propio hijo, alcanzada la plena capacidad, determinan que no produzcan efecto estas sanciones. Tal sanción afecta al padre o madre que incurrió en las conductas descritas, no a sus ascendientes. Tal y como hemos visto en el cuadro de la página siguiente, en el parentesco en línea recta cada generación es un grado. De esta forma, vemos que entre abuelos y padres hay un grado, y entre abuelos y nietos hay dos grados.

El ascendiente más próximo en grado elimina siempre a los más remotos, de cualquier rama o rama secundaria. Por ejemplo: si viven el abuelo paterno y todos los bisabuelos, el abuelo paterno heredará todo; lo mismo ocurre cuando el padre entra en concurrencia con los abuelos: aquel lo heredará todo.

En el supuesto de que existan varios parientes ascendientes en igualdad de grado, heredan todos los ascendientes más próximos por igual si pertenecen todos a la misma línea paterna o materna. Siendo de igual grado y distinta línea (hermanos de padre y madre), heredarán la mitad los ascendientes más próximos de la línea paterna y los de la materna, dividiendo dicha mitad entre sí, cada grupo rigurosamente por cabezas.

EL CÓNYUGE VIUDO

Cuando no existan descendientes ni ascendientes, heredarán el cónyuge viudo, y luego los parientes colaterales.

Atendiendo a lo que dispone el artículo 944, en defecto de ascendientes y descendientes, y antes que los parientes colaterales, sucederá en todos los bienes del difunto el cónyuge sobreviviente. A partir de la reforma de 1981, el cónyuge viudo, que tenía un lugar menos favorecido en el Código de 1889, pasa por delante de los hermanos del causante.

Sólo será llamado el cónyuge viudo a suceder al causante cuando este no estuviera separado o divorciado por sentencia firme o separado de mutuo acuerdo.

Parentesco en línea recta (ascendientes y descendientes)

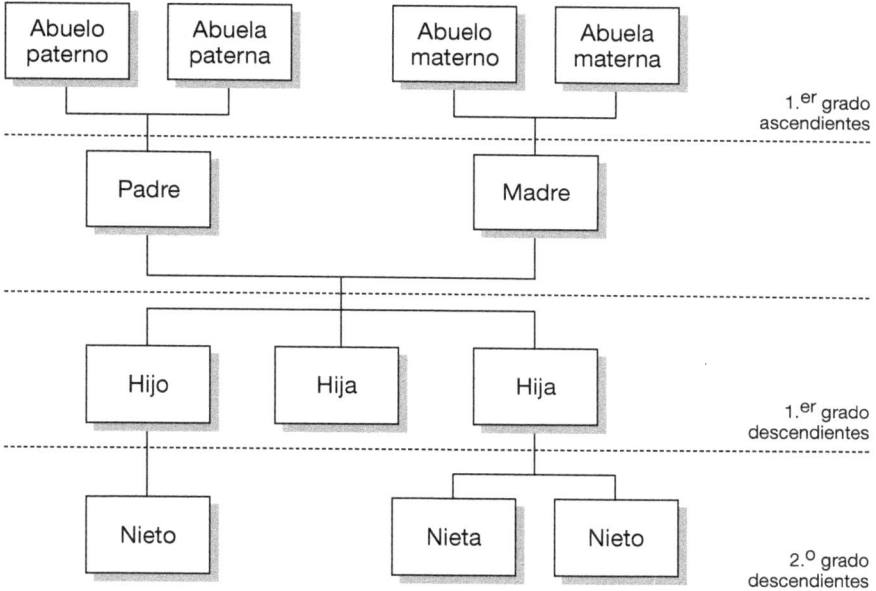

Abuelo paterno	Abuela paterna		Abuelo materno	Abuela materna

1.er grado ascendientes

Padre		Madre

Hijo	Hija		Hija

1.er grado descendientes

Nieto		Nieta	Nieto

2.º grado descendientes

El cónyuge, en la sucesión del causante, tiene siempre su derecho a la legítima (sucesión forzosa), sea aquella sucesión testada o intestada. Es decir, que en la sucesión intestada, el cónyuge viudo percibirá su legítima, aunque no llamado como sucesor abintestato. (Si es llamado como sucesor abintestato, no cabe plantear cuestión sobre su legítima ya que adquiere en propiedad la totalidad de la herencia de su cónyuge causante).

Por tanto, si son declarados herederos abintestato los descendientes o ascendientes del causante, que son preferentes al cónyuge, este percibirá su legítima, que, como hemos visto anteriormente, es variable y en usufructo.

LOS PARIENTES COLATERALES

Después de la línea recta descendente, de la ascendente y del cónyuge, tenemos en la sucesión intestada la línea colateral. En ausencia de cónyuge, los hermanos e hijos de hermanos suceden con preferencia a los demás colaterales. Las reglas establecidas para determinar la preferencia en la sucesión son las siguientes:

— en cuanto a la sucesión de hermanos, distinguen los que lo son de padre y madre y los que los son únicamente de padre o madre; aquellos heredarán en doble porción que estos;
— si únicamente existieran hermanos de doble vínculo estos heredarán por partes iguales;
— si concurrieran hermanos con sobrinos, hijos de hermanos de doble vínculo, los primeros heredarán por cabezas y los segundos por estirpes;
— si sólo concurren sobrinos, sin la presencia del algún hermano del causante, heredan por partes iguales, por cabezas, no por estirpes.

Por todo ello, contra la regla general de proximidad de grado, los sobrinos son herederos abintestato antes que los tíos, aun cuando unos y otros son parientes colaterales del causante en tercer grado.

LA SUCESIÓN DE ESTADO

Si no hay testamento ni personas con derecho a suceder, hereda el Estado. En el último lugar, cuando no existan descendientes, ascendientes, cónyuge ni parientes colaterales, nuestro ordenamiento coloca al Estado, lo que ratifica el primer párrafo del artículo 956 del Código Civil: «A falta de personas que tengan derecho a heredar conforme lo dispuesto en las precedentes secciones, heredará el Estado».

La explicación de que sea finalmente el Estado el sucesor de los bienes del causante se fundamenta en que, una vez agotados los derechos de los colaterales por perderse el sentimiento familiar, el Estado tiene derecho

Parentesco por línea colateral

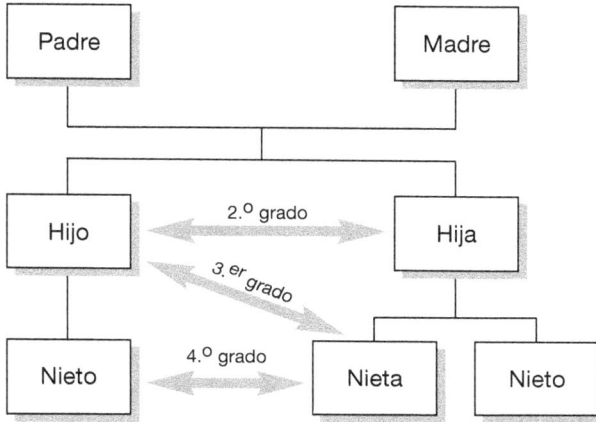

```
  ┌─────────┐              ┌─────────┐
  │  Padre  │              │  Madre  │
  └─────────┘              └─────────┘
       │                        │
       │   ┌────────────────────┤
       │   │                    │
  ┌─────────┐    2.º grado   ┌─────────┐
  │  Hijo   │ ◄════════════► │  Hija   │
  └─────────┘                └─────────┘
       │      3. er grado        │
       │    ◄═══════════      ┌──┴──┐
  ┌─────────┐  4.º grado  ┌─────────┐  ┌─────────┐
  │  Nieto  │◄═══════════►│  Nieta  │  │  Nieto  │
  └─────────┘             └─────────┘  └─────────┘
```

En el parentesco colateral, los grados se cuentan partiendo desde el tronco común hasta la persona en cuestión. Cada nivel generacional corresponde a un grado de parentesco.

en concepto de bienes vacantes para evitar los conflictos de que fueran bienes abandonados, a disposición del primer ocupante.

Aparte de esta justificación histórica y que tiene su origen en el derecho feudal, se fundamenta este derecho del Estado por la tutela y protección que la propiedad presta al Estado, que le atribuye una participación en las herencias a través del impuesto, y a través de esta adjudicación de los bienes hereditarios abintestato, en el supuesto de no concurrir herederos por derecho de familia. Por ello, entendemos que la sucesión del Estado cumple una doble misión: la reversión de los bienes a la comunidad y esa función de continuidad de la vida jurídica, que, a falta de otras personas, es la comunidad quien debe desempeñar.

Este derecho está reconocido en casi todas las legislaciones modernas, aunque siguen distintas tendencias:

— en los países centroeuropeos (Francia, Alemania, Bélgica, Italia, Austria, etc.) se destinan los bienes hereditarios vacantes al Tesoro Público;
— en Estados Unidos y algunos países suramericanos, se destinan los bienes hereditarios vacantes a entidades de carácter público, principalmente con fines sociales o beneficencia.

La sucesión del Estado en el ordenamiento español

La sucesión intestada del Estado la regulan los artículos 956, 957 y 958 del Código Civil, que pasamos a examinar a continuación:

El artículo 956 dispone: «A falta de personas que tengan derecho a heredar conforme a lo dispuesto en las precedentes secciones, heredará el Estado, quien asignará una tercera parte de la herencia a instituciones municipales del domicilio del difunto, de Beneficencia, Instrucción, Acción Social o profesionales, sean de carácter público o privado, y otra tercera parte de Instituciones Provinciales de los mismos caracteres, de la provincia del finado, prefiriendo, tanto entre unas como entre otras, aquellas a las que el causante haya pertenecido por su profesión y haya consagrado su máxima actividad, aunque sean de carácter general. La otra tercera parte se destinará a la Caja de Amortización de la Deuda Pública, salvo que, por la naturaleza de los bienes heredados, el Consejo de Ministros acuerde darle, total o parcialmente, otra aplicación».

Así pues, tal y como prevé este artículo, los bienes los divide en tres partes, dos de las cuales tienen un destino forzoso: una tercera parte irá destinada a las instituciones municipales del domicilio del difunto, y la otra irá a instituciones en que el causante haya pertenecido por su profesión y actividades.

La última tercera parte restante se destinará al Tesoro Público a disminuir la deuda pública del Estado, salvo que por la naturaleza de los bienes, el Consejo de Ministros acordase otra cosa.

Con anterioridad a la Primera República, el Estado no era beneficiario de ningún tercio de la herencia intestada y la doctrina había mantenido que era un heredero beneficiario y las instituciones receptoras de los bienes, herederas fideicomisarias. La doctrina más moderna mantiene que el Estado es el único heredero, sucesor universal, y en aplicación de unas normas administrativas se fijarán los lotes que se destinan a ciertas instituciones, de acuerdo con la proporción que señala el artículo 956, pero ello no incide en la naturaleza jurídica de la sucesión del Estado. Tales instituciones no son más que adjudicatarias de unos bienes, pero que los adquieren del Estado, no del causante, no son sucesores de este.

Sin embargo, si el Estado es un heredero abintestato, ¿puede repudiar la herencia?

El Estado no puede repudiar la herencia.

No, por una razón muy simple. El Estado no es un heredero más, sino que tiene una función, basada en un interés público de carácter objetivo e irrenunciable, sin contemplarse en ningún momento la facultad de repudiar. El artículo 957 del Código Civil dispone que la herencia se entenderá siempre aceptada a beneficio de inventario. Por lo tanto, el Estado no acepta, expresa ni tácitamente, ni puede repudiar, sino que es heredero abintestato por imperativo legal.

Como vemos se le permite al Estado que pueda aceptar la herencia a beneficio de inventario, sin necesidad de declaración alguna sobre ello. Con esto, el legislador ha pretendido limitar la responsabilidad del Estado por las deudas provenientes de la sucesión y la conservación contra el caudal hereditario de los derechos y acciones que el Estado tuviera contra el causante, sin confusión de los patrimonios de este con el del Estado derechohabiente.

El Estado como heredero debe actuar como tal, por lo cual no puede tomar posesión por sí y ante sí de los bienes hereditarios, sino que, como todo heredero, deberá ser declarado heredero abintestato por el trámite jurisdiccional de declaración de herederos, previsto en la Ley de Enjuiciamiento Civil (LEC), y sólo entonces el Estado podrá tomar posesión de los bienes.

En este sentido se expresa la LEC cuando establece que para que el Estado pueda apoderarse de los bienes hereditarios, habrá de procederse a tramitar la declaración judicial de heredero, y quedarán adjudicados los bienes por falta de herederos legítimos.

Se confirma así, pues, que el Estado se encuentra en la misma posición que los particulares, sin potestad especial, como consecuencia de ser un heredero abintestato más, normal, como los anteriores herederos abintestato.

El Estado es quien se declara heredero y, una vez que se dicte el oportuno auto judicial, hace un llamamiento público para que las instituciones que se consideran con derecho a beneficiarse de la herencia formulen las alegaciones que estimen pertinentes; es el Estado quien asume las funciones de administración y liquidación del caudal relicto y quien enajena los bienes hereditarios, por lo que las instituciones reciben no bienes hereditarios, sino su parte en una herencia ya liquidada.

Las instituciones destinatarias se encuentran indeterminadas en el momento de la apertura de la sucesión y sólo quedan fijadas después de la tramitación de un expediente administrativo. La obligación de distribución del Estado es algo que queda fuera del campo estricto de la sucesión mortis causa y que origina las relaciones jurídicas del Derecho Administrativo.

Como ya hemos dicho, el Estado, en su calidad de heredero, responde de las deudas y cargas de la herencia, a pesar de gozar del privilegio del beneficio de inventario, sin necesidad de declaración alguna.

El impuesto sobre sucesiones y donaciones

Se trata de un tributo que grava los incrementos experimentados en el patrimonio de las personas físicas que sean beneficiarias de una herencia (herederos o legatarios) o de una donación (donatarios).

El impuesto sobre sucesiones y donaciones (ISD) tiene una finalidad social y recaudatoria, ya que contribuye a la redistribución de la riqueza y a conseguir ingresos para las arcas del Estado o, en su caso, de las comunidades autónomas que tengan competencia. Con esta finalidad, y siguiendo las pautas que marca el artículo 31 de la Constitución Española, y en la parte que se refiere a las sucesiones, se pretende que los herederos que más herencia reciban contribuyan en mayor medida.

Debe tenerse en cuenta que algunas comunidades autónomas han eliminado prácticamente dicho impuesto, como son, entre otras, País Vasco, Navarra y Madrid.

Objeto del impuesto

El objeto del impuesto sobre sucesiones y donaciones grava los incrementos patrimoniales obtenidos a título lucrativo por personas físicas. Este impuesto viene regulado en la Ley 29/1987 del Impuesto sobre Sucesiones y Donaciones, el Real Decreto 1.629/1991 y las modificaciones operadas en la Ley de Acompañamiento a los Presupuestos del Estado.

Hecho imponible

Los hechos imponibles de este impuesto son los siguientes:

— la adquisición de bienes y derechos por herencia, legado o cualquier otro título sucesorio;
— la adquisición de bienes y derechos por donación o cualquier otro negocio jurídico a título gratuito e inter vivos;
— la percepción de cantidades por los beneficiarios de contratos de seguros sobre la vida, cuando el contratante sea persona distinta del beneficiario.

Los incrementos de patrimonio obtenidos por personas jurídicas no están sujetos a este impuesto y se someterán al impuesto sobre sociedades.

Sujetos pasivos

En cuanto a los sujetos pasivos, estarán obligados al pago del impuesto a título de contribuyentes aquellas personas físicas que tengan su residencia habitual en España, con independencia de donde se encuentren situados los bienes o derechos que integren el incremento de patrimonio gravado.

Se consideran contribuyentes:

— en las adquisiciones mortis causa, los causahabientes (herederos o legatarios);
— en las donaciones y demás transmisiones lucrativas inter vivos equiparables, el donatario (el que las recibe);
— en los seguros sobre la vida, los beneficiarios.

Base imponible: valoración de los bienes

Para la valoración de los bienes y derechos transmitidos, a efectos de la fijación de la base imponible, se sigue el criterio tradicional del valor real,

La autoliquidación significa que los propios herederos calculan ellos mismos os cálculos del impuesto sobre sucesiones. que estimado en principio por los interesados es comprobado por la Administración. Dicho de otro modo, la base imponible viene determinada por el valor neto de la adquisición individual de cada heredero o legatario.

Se entiende por valor neto de adquisición el valor real de los bienes y derechos recibidos, minorados por las cargas y deudas que sean deducibles. Por lo tanto, para determinar la participación individual que a cada uno de los herederos corresponde, deben tenerse en cuenta, además de los bienes hereditarios, los bienes adicionales. Estos bienes son aquellos que la Administración entiende que deben ser considerados bajo el ámbito de aplicación del impuesto, para evitar estrategias fiscales diseñadas con el objeto de reducir la carga tributaria, en el momento del fallecimiento, minorando con ello el patrimonio real.

La ley presume que forman parte del caudal hereditario los siguientes tipos de bienes y derechos:

a) Los bienes y derechos que hubiesen pertenecido al causante hasta un año antes de su fallecimiento, salvo que se demuestre que los mismos fueron transmitidos por aquel a persona distinta de un heredero, legatario, pariente dentro del tercer grado, o cónyuge de cualquiera de los anteriores o del fallecido.

Lógicamente, esta presunción puede quedar desvirtuada si se demuestra que en el caudal hereditario figura el dinero u otros bienes adquiridos por venta o permuta, en sustitución del bien transmitido.

b) Los bienes o derechos que hubieran sido transmitidos por el causante durante los cinco años anteriores a su fallecimiento, reservándose el usufructo sobre los mismos o sobre otros del adquirente.

Al igual que en el primero de los supuestos apuntados, se trata de una presunción que puede quedar desvirtuada si se demuestra que en el caudal hereditario figura el dinero u otros bienes adquiridos a cambio del bien transmitido.

c) Determinados valores y efectos depositados (normalmente en entidades financieras) cuyos resguardos se hubieran endosado, si con anterioridad al fallecimiento del causante no se hubiesen retirado tales recibos o anotado el traspaso en los libros del depositario. Igual presunción se aplica a los valores nominativos endosados si no se hubiera anotado la herencia en los libros de la entidad emisora de los valores, con anterioridad a la fecha de fallecimiento.

En los cuatro casos enumerados, si los interesados rechazan la incorporación al caudal hereditario de los bienes o derechos adicionables, en un principio su valor no se considerará a efectos de calcular la base imponible del impuesto, hasta la resolución de la cuestión suscitada.

d) Los bienes y derechos que, durante los tres años anteriores al fallecimiento, hubieran sido adquiridos a título dispendioso y de forma desmembrada por el causante (en usufructo) y por alguna de las personas señaladas en el apartado anterior (en nuda propiedad).

En virtud de estas disposiciones, un padre y su hijo, por ejemplo, pueden comprar un inmueble de forma conjunta, adquiriendo aquel el usufructo y este la nuda propiedad. La compra habrá tributado por el impuesto de transmisiones patrimoniales al 7 %, calculado sobre el precio total, aplicando determinadas reglas de reparto entre usufructuario y nudo propietario.

La ley pretende evitar diseños fiscales tendentes a aminorar la carga impositiva, dado que el tipo del impuesto sobre transmisiones patrimoniales es inferior al impuesto sobre sucesiones. Pese a ello, es posible desvirtuarla si el heredero o legatario que adquirió la nuda propiedad demuestra que lo hizo con desembolso del precio efectivo.

Deducciones

Una vez tenemos determinado el valor económico de los bienes y derechos de la herencia, debemos deducir: las cargas que afecten a los mismos; las deudas que tenía contraídas el causante y los gastos deducibles, que pasamos a examinar a continuación.

Cargas deducibles

Del valor real de los bienes, únicamente serán deducibles las cargas o gravámenes de naturaleza perpetua, temporal o rescatable que aparezcan directamente establecidos sobre los mismos y disminuyan realmente su capital o valor, como los censos y las pensiones, sin que merezcan tal consideración las cargas que constituyan obligación personal del adquirente ni las que, como las hipotecas y las prendas, no suponen disminución del valor de lo transmitido, sin perjuicio, en su caso, de que las deudas garanticen que puedan ser deducidas si concurren los requisitos que comentamos a continuación.

Deudas deducibles

En las transmisiones por causa de muerte, a efectos de determinación del valor neto patrimonial, podrán deducirse con carácter general las deudas que deje contraídas el causante de la sucesión siempre que su existencia se acredite por documento público o se justifique de otro modo la existencia de aquella, salvo las que lo fuesen a favor de los herederos o de los legatarios de parte alícuota y de los cónyuges, ascendientes, descendientes o hermanos de aquellos aunque renuncien a la herencia. En especial, serán deducibles las cantidades que adeude el causante por razón de tributos del Estado, de comunidades autónomas o de corporaciones locales o por deudas de la Seguridad Social, y que se satisfagan por los herederos, albaceas o administradores del caudal hereditario, aunque correspondan a liquidaciones giradas después del fallecimiento.

Gastos deducibles

En las adquisiciones por causa de muerte, son deducibles para la determinación de la base imponible:

— los gastos de última enfermedad, entierro y funeral cuando se justifiquen; los gastos de entierro y funeral deberán guardar, además, la debida proporción con el caudal hereditario, conforme a los usos y costumbres de la localidad;
— los gastos que se pudieran ocasionar en el supuesto que hubiera un litigio.

Comprobación por la Administración de los valores de los bienes y derechos transmitidos

La Administración podrá comprobar el valor de los bienes y derechos transmitidos por los medios de comprobación establecidos en la Ley General Tributaria. Los interesados deberán consignar en la declaración que están obligados a presentar el valor real que atribuyen a cada uno de los bienes y derechos incluidos en el patrimonio gravado. Además, si el nuevo valor así obtenido fuese superior al que resultase de la aplicación de la correspondiente regla del impuesto sobre patrimonio, surtirá efecto en relación con las liquidaciones a practicar a cargo del adquirente por dicho impuesto por la anualidad corriente y las siguientes.

Estos son los valores utilizados para el impuesto sobre el patrimonio:

— los bienes inmuebles, que deben valorarse a precio de mercado, en función del valor catastral o el precio de adquisición del inmueble;
— los vehículos usados, para cuya valoración Hacienda publica unas tablas;
— los títulos no cotizados (acciones y participaciones de sociedades mercantiles), que se evalúan en función del valor teórico, el nominal resultante del último balance o el de capitalizar al 12,5 % los beneficios de la sociedad en los últimos tres años;
— las cuentas bancarias, que se estiman al saldo en la fecha de fallecimiento;
— el capital recibido por un seguro de vida, que tributa íntegramente si los beneficiarios son los hijos, y la mitad si lo percibe el cónyuge del fallecido;
— el ajuar doméstico del fallecido (muebles, enseres, ropas, objetos personales, etc.), cuyo valor equivale al tres por ciento de todo lo heredado.

Base liquidable

En las adquisiciones mortis causa, la base liquidable se obtendrá aplicando en la base imponible la reducción que corresponda de las incluidas en los grupos que se especifican a continuación.

Reducciones aplicables a los parientes

No pondremos cifras concretas, puesto que dichas reducciones varían según cada comunidad autónoma, y vienen siendo modificadas con regularidad por la Administración. La reducción es mayor cuando el parentesco es mayor, tal y como relacionamos a continuación:

— adquisiciones por descendientes y adoptados menores de veintiún años;
— adquisiciones por descendientes y adoptados de 21 o más años, cónyuges, ascendientes y adoptantes;
— adquisiciones por colaterales de segundo y tercer grado, ascendientes y descendientes por afinidad;
— en las adquisiciones por colaterales de cuarto grado, grados más distantes y extraños, no habrá lugar a reducción.

Se considerarán personas con minusvalía con derecho a la reducción aquellas que determinan derechos a deducción en la cuota del impuesto sobre la renta de las personas físicas, según la legislación propia de este impuesto.

Hay que tener en cuenta que si unos mismos bienes en un periodo máximo de diez años fueran objeto de dos o más transmisiones mortis causa a favor de los descendientes, en la segunda y ulteriores transmisiones se deducirá, además, de la base imponible, el importe de lo satisfecho por el impuesto de las transmisiones precedentes.

Además de las reducciones que correspondan según el grado de parentesco con el causante, se regulan otras reducciones en la base imponible. Son las siguientes:

— en caso de minusvalía con un grado de discapacidad entre el 33 y el 65 %;
— con una discapacidad igual o superior al 65 %;
— para las adquisiciones percibidas por beneficiarios de seguros de vida, y atendiendo al grado de parentesco;
— cuando se adquiera una empresa individual, negocio profesional o participaciones en entidades que gocen de la exención en el impuesto

sobre patrimonio según el apartado 8 del artículo 4 de la ley 19/91 y atendiendo al grado de parentesco, se prevé una reducción del 95 % del valor de las mismas, con la condición de mantener la adquisición durante 10 años;

La herencia de la vivienda habitual del causante se halla muy bonificada fiscalmente.

— cuando se adquiera la vivienda habitual de la persona fallecida y atendiendo al grado de parentesco, al igual que el caso anterior, se prevé una reducción del 95 % del valor de la misma, con un límite de reducción por sujeto pasivo condicionada al mantenimiento de la vivienda durante 10 años.

Tarifa del impuesto

La tarifa es progresiva y por tramos y se aplica de forma similar a la tarifa del IRPF, es decir, a medida que la base liquidable es mayor, el tipo de gravamen también es mayor. Por lo tanto, para calcular la cuota tributaria deben tenerse en cuenta los siguientes factores:

— la base liquidable;
— la tarifa del impuesto;
— el coeficiente multiplicador que depende del grado de parentesco entre transmitente y adquirente y del patrimonio preexistente de este último;
— la aplicación de las deducciones por doble imposición.

Cuota tributaria

La cuota tributaria por este impuesto se obtendrá aplicando a la cuota íntegra el coeficiente multiplicador que corresponda, establecidos en función del patrimonio preexistente del contribuyente y del grupo, según el grado de parentesco que hemos examinado anteriormente.

En conclusión, el impuesto a pagar será mayor cuanto mayor sea el patrimonio preexistente del adquirente y más lejano sea su grado de parentesco con el transmitente.

Se contemplan, de igual modo, las pautas para aplicar los coeficientes en casos concretos, como son para la adquisición de seguros de vida, derechohabientes desconocidos o reducciones por excesos.

En los casos de seguros de vida, se aplicará el coeficiente que corresponda al patrimonio preexistente del beneficiario y al grupo en que por su parentesco con el contratante estuviese encuadrado. En los seguros colectivos o contratados por las empresas a favor de sus empleados, se estará al coeficiente que corresponda al patrimonio preexistente del beneficiario y al grado de parentesco entre este y el asegurado.

DEVENGO

En las adquisiciones por causa de muerte y en los seguros de vida, el impuesto se devengará el día del fallecimiento del causante o del asegurado o cuando adquiera firmeza la declaración del fallecimiento del ausente conforme el artículo 196 del Código Civil.

En las transmisiones lucrativas inter vivos, el impuesto se devengará el día en que se cause o celebre el acto o contrato.

Toda adquisición de bienes cuya efectividad se halle suspendida por la existencia de una condición, un término, un fideicomiso o cualquier otra limitación, se entenderá siempre realizada el día en que dichas limitaciones desaparezcan.

PRESCRIPCIÓN

La Administración tiene 5 años para comprobar la autoliquidación que haya hecho el heredero.

Prescribirá a los cinco años el derecho de la Administración para determinar la deuda tributaria mediante la oportuna liquidación y la acción para imponer sanciones tributarias, contados desde el día en que finalice el plazo para la presentación del documento, declaración o autoliquidación.

En todo caso, el periodo de prescripción puede interrumpirse por cualquier acción de la Administración tendente al reconocimiento, regulación, inspección, aseguramiento, comprobación, liquidación o recaudación del impuesto. Asimismo, puede interrumpirse por cualquier actuación del sujeto pasivo tendente al pago o liquidación de la deuda. La interrupción del plazo de prescripción implica el inicio de un nuevo plazo de cinco años.

EJEMPLO

El señor X, que falleció el 2 de noviembre de 1999, dispuso testamento en el que instituyó como herederos a sus dos hijos, Y, de 18 años y Z, de 20 años. Los bienes hereditarios ascienden a 100.000 euros, y una vez deducidas las cargas y deudas, resulta un caudal relicto de 80.000 euros.

En consecuencia, la base imponible para Y es de 40.000 euros, y la base imponible para Z es de 40.000 euros.

Liquidación del impuesto

La titularidad de la competencia para la gestión y liquidación del impuesto corresponderá a las delegaciones y administraciones de Hacienda o, en su caso, a las oficinas con análogas funciones de las comunidades autónomas que tengan cedida la gestión del tributo.

El gobierno podrá regular los procedimientos de liquidación y pago del impuesto, incluido, en su caso, el régimen de autoliquidación.

Los interesados en la sucesión hereditaria podrán solicitar que se practique una liquidación parcial del impuesto a los solos efectos de cobrar seguros sobre la vida, créditos del causante, retirar bienes, valores, dinero que se halle en depósito y supuestos análogos.

Documentación requerida por la Administración

Los interesados están obligados a presentar, ante la Administración competente, una declaración comprensiva de los siguientes extremos:

— certificación de defunción del fallecido;
— certificación del registro de últimas voluntades del causante;

— copia autorizada de las disposiciones testamentarias, si las hubiere, o en su defecto, testimonio de la declaración de herederos;
— documentos que justifiquen las cargas, gravámenes, deudas y gastos cuya deducción se solicite;
— documentos que justifiquen la edad de los herederos menores de 21 años;
— relación del patrimonio preexistente de los herederos o declaración del impuesto sobre el patrimonio, si bien no será necesario presentarlo si el patrimonio del sujeto pasivo está comprendido dentro del primer o del último tramo (menor de 400.000 euros);
— datos identificativos del transmitente y del adquirente;
— designación de un domicilio para la práctica de las notificaciones que procedan;
— relación detallada de los bienes y derechos adquiridos que integran el incremento del patrimonio gravado, fijando el valor real atribuido a cada uno, y de las cargas, deudas y gastos cuya deducción se solicita.

El plazo para presentar la documentación, por los herederos, es, para las adquisiciones por causa de muerte (incluidas las de los beneficiarios de contratos de seguro de vida), de seis meses, contados desde el día del fallecimiento del causante. Cuando se trate de adquisiciones por donación u otro negocio jurídico gratuito inter vivos, el plazo será de treinta días hábiles (incluido el sábado), a contar desde el día siguiente a aquel en el que se cause el acto o contrato.

Cabe la posibilidad de solicitar un periodo de prórroga, que en su caso no podrá exceder de seis meses, y dicha solicitud deberá ampararse en un motivo justificado, como es la dificultad de realizar el inventario de bienes del causante.

APÉNDICE
MODELOS
DE TESTAMENTO

Número ......

TESTAMENTO

En........, a ....
Ante mí, Notario del Ilustre Colegio Notarial de ...., con residencia en esta ciudad,

COMPARECE

Don ...., de .... de edad, casado, vecino de ...., con domicilio en ....; con DNI número.........................

Asegura tener, y a mi juicio tiene, la capacidad legal suficiente para testar, y la ejercita otorgando en los siguientes términos, su testamento abierto:

1.º Manifiesta que es natural de......................... en donde nació el día.....................; de vecindad civil ....; ser hijo de los consortes difuntos Don .... y Doña ....; estar casado en primeras y únicas nupcias, en régimen de separación de bienes, con ...., de cuyo matrimonio tiene .... hijos llamados.........................

2.º Lega a sus nombrados hijos la legítima que les corresponda en su herencia.

3.º Instituye heredera universal y libre a su esposa, con sustitución vulgar en favor de sus citados hijos........................., por partes iguales entre ellos, sustituidos, a su vez, por sus respectivos descendientes.

Esta es su última y deliberada voluntad, que quiere valga como testamento, y al efecto revoca cuantas disposiciones testamentarias haya ordenado hasta la fecha.

Así lo otorga el señor compareciente, siendo las........................

Leo en alta voz este testamento al compareciente, porque no ha usado del derecho que a hacerlo por sí mismo le asiste, según le he advertido. Enterada de su contenido, el testador se afirma y ratifica en él, por ser expresión de su voluntad, y firma conmigo.

De la unidad de acto; de que en él se han guardado las formas y solemnidades legales; del conocimiento del testador, y en general, de cuanto se contiene en este testamento, extendido en dos folios de papel timbrado para uso exclusivo notarial, números y el del presente, yo, el Notario, doy fe.

Número ......

TESTAMENTO

En ...., mi residencia, a ....
ante mí, ..., Notario del Ilustre Colegio de............
.............................,

COMPARECE

Doña ...., nacida el día .... de ....
de ...., sin profesión especial, casada en régimen de gananciales con
........................, en virtud de escritura de Capítulos Matrimoniales, autorizada el ...., por el notario con residencia
en...................., Don .... como sustituto de la Notaría vacante de .... para su protocolo, vecina de ....

Asegura la señora compareciente tener, y a mi juicio tiene, la capacidad
legal necesaria para testar, y la ejercita otorgando, en los siguientes términos, su testamento abierto:

1.º Manifiesta ser hija de los consortes ...., ambos difuntos; ser natural de ....; ser de regionalidad ....
por residencia; estar casada en primeras nupcias, con .... y
tener dos hijos de este matrimonio, llamados ....

2.º Lega a sus citados hijos ...., o en su caso a sus descendientes en su representación, la legítima que en su herencia les corresponda.

3.º Instituye y nombra heredero suyo universal y libre a su citado esposo ...., con sustitución vulgar en favor de sus comunes hijos
........................, por partes iguales y con derecho de representación, en su

137

caso, en favor de sus respectivos descendientes.

Esta es su última y deliberada voluntad, que quiere valga como testamento, y al efecto, revoca cuantas disposiciones testamentarias haya ordenado hasta la fecha.

Así lo otorga la señora compareciente, siendo las .... horas de este día, en presencia de los testigos ...., mayores de edad, vecinos de .... y de ...., respectivamente, y sin impedimento legal para serlo, según aseguran y resulta de sus manifestaciones. Testigos que ven, oyen y entienden a la testadora.

A todos les leo en alta voz este testamento, porque no han usado del derecho que a leerlo por sí mismos les asiste, según les he advertido. Enterados de su contenido, la testadora se afirma y ratifica en él por ser expresión de su voluntad y firma con los testigos.

De la unidad de acto; de que en él se han guardado las formas y solemnidades legales; del conocimiento de la testadora y de los testigos; y de todo lo contenido en este testamento, extendido en el presente y único pliego de la clase séptima, serie 1B, yo, el Notario, doy fe.

Siguen las firmas de los señores comparecientes. Signado............ .... Firmado y rubricado. Está el sello de la Notaría.

NOTA. Dado el parte prescrito en el artículo 11 anexo II del Reglamento del Notariado, al siguiente día hábil de su otorgamiento, doy fe. Rubricado.

ES PRIMERA COPIA que concuerda con su original obrante en el protocolo general corriente a mi cargo, bajo el número al principio indicado, de mi antecesor Don ...., en el que dejo nota de esta saca: yo, ... para Don ...., quien me ha acreditado el fallecimiento de la testadora, en ...., el .... de .... de ...., en dos folios timbrados de papel exclusivo notarial, serie 2 F, números .... y el siguiente correlativo. DOY FE.

Número ......

TESTAMENTO

En ...., a ....

Ante mí, ..., Notario del Ilustre Colegio de ...., con residencia en esta ciudad,

COMPARECE

Don ...., quien asegura tener, y a mi juicio tiene, la capacidad legal suficiente para testar, y la ejercita otorgando en los siguientes términos, su testamento abierto:

1.º Manifiesta que es natural de .... en donde nació el día ....; de vecindad civil ....; ser hijo de los consortes ....; y que se halla casado con .... y de cuyo matrimonio tiene .... hijos de nombre ....

2.º Instituye heredero universal y libre a su hijo .... y a los demás hijos que pudiere dejar, a su fallecimiento, por partes iguales entre ellos, si fueren más de uno, con sustitución vulgar en favor de sus respectivos descendientes.

3.º En previsión de que la muerte del testador ocurriese antes de que su hijo haya alcanzado la edad de .... años, nombra para tal evento administradores de cuantos bienes y derechos herenciales sean adjudicados a su dicho hijo, por todo el tiempo comprendido entre la fecha de la muerte y el día en que su hijo cumpla los veinticinco años, al padre de este, Don ...., y a Don ...., actuando por mayoría de los designados o de los que quedaren si alguno de ellos no pudiere ejercer el cargo por fallecimiento o incapacidad.

En el ejercicio de su función los administradores nombrados tendrán todas las facultades que sean necesarias o simplemente útiles para la administración del patrimonio relicto por el testador.

Y como complemento de lo indicado ordena el testador que su hijo no pueda enajenar ni gravar los bienes de la herencia que le sean adjudicados hasta que cumpla la edad de veinticinco años, salvo que obtenga la autorización expresa de los nombrados administradores con la forma de actuación prevista anteriormente.

Esta es su última y deliberada voluntad, que quiere valga como testamento, y al efecto revoca cuantas disposiciones testamentarias haya ordenado hasta la fecha.

Así lo otorga el señor compareciente, siendo las ....

Leo en alta voz este testamento a .... compareciente, porque no ha usado del derecho que a hacerlo por sí mismo le asiste, según le he advertido. Enterado de su contenido, el testador se afirma y ratifica en él, por ser expresión de su voluntad, y firma conmigo.

De la unidad de acto; de que en él se han guardado las formas y solemnidades legales; del conocimiento del testador, y en general, de cuanto se contiene en este testamento, extendido en dos folios de papel timbrado para uso exclusivo notarial, números .... y el del presente, yo, el Notario, doy fe.

Número ......

TESTAMENTO

En ...., mi residencia, a ....
Ante mí, ..., Notario del Ilustre Colegio Notarial de
....

COMPARECE

Doña ...., de .... años de edad, casada, vecina
de ...., con domicilio en ....; con DNI número
....

Asegura tener, y a mi juicio tiene, la capacidad legal suficiente para testar, y la ejercita otorgando en los siguientes términos, su testamento abierto:

1.º Manifiesta que es natural de .... en donde nació el día
.........................; de vecindad civil ....; ser hija de los consortes
difuntos Don .... y Doña ....; estar casada en
primeras y únicas nupcias, en régimen de separación de bienes, con Don
........................, de cuyo matrimonio tiene .... hijos llamados
....

2.º Lega a sus nombrados hijos la legítima que les corresponda en su
herencia.

3.º Instituye heredero universal y libre a su esposo Don................
........................, y para el caso de que no pudiera o no quisiera heredarle,
dispone de sus bienes, por vía de sustitución vulgar, de la siguiente forma:
a) Lega ....
b) Lega a ....

141

4.º En el remanente de todos sus bienes, instituye y nombra herederos suyos universales y libres a sus nombrados hijos, por partes iguales entre ellos.

5.º Tanto en los legados como en la institución hereditaria precedentes, ordena .... testadora cláusula de sustitución vulgar, en su caso, a favor de los respectivos descendientes de los legatarios y herederos nombrados, conforme a los principios de la representación.

Doña .... ordena que si entre sus documentos se encontrara alguna memoria testamentaria, firmada por .... testadora, sea cumplida como si formara parte de este testamento.

Esta es su última y deliberada voluntad, que quiere valga como testamento, y al efecto revoca cuantas disposiciones testamentarias haya ordenado hasta la fecha.

Así lo otorga .... la señora compareciente, siendo las .... horas.

Leo en alta voz este testamento a la compareciente, porque no ha usado del derecho que a hacerlo por sí misma le asiste, según le he advertido. Enterado de su contenido, la testadora se afirma y ratifica en él, por ser expresión de su voluntad, y firma conmigo.
De la unidad de acto; de que en él se han guardado las formas y solemnidades legales; del conocimiento del testador, y en general, de cuanto se contiene en este testamento, extendido en dos folios de papel timbrado para uso exclusivo notarial, números .... y el del presente, yo, el Notario, doy fe.

Número ......

TESTAMENTO

En ...., a ....
Ante mí, ..., Notario del Ilustre Colegio de ....,
con residencia en esta ciudad,

COMPARECE

Don ...., de .... años de edad, casado, vecino
de ...., con domicilio en ....; con DNI número
....

Asegura tener, y a mi juicio tiene, la capacidad legal suficiente para testar,
y la ejercita otorgando en los siguientes términos, su testamento abierto:

1.º Manifiesta que es natural de .... en donde nació el día
........................; de vecindad civil catalana adquirida por continuada residencia en esta región; hijo de los consortes Don .... y Doña
........................; que está casado, en primeras y únicas nupcias, en régimen de separación de bienes, con Doña ...., de cuyo matrimonio tiene .... hijos de nombre ....

2.º Instituye y nombra heredero a su hijo, con sustitución vulgar en favor de sus descendientes.

3.º Y en previsión de que la muerte del testador ocurriese antes de que
su nombrado hijo alcanzara la mayoría de edad, aparta de forma expresa
a su dicha esposa de toda intervención en la herencia del compareciente
ni siquiera como madre y legal representante de su hijo; y nombra para tal
evento administradores exclusivos de cuantos bienes y derechos posea el
testador, a su muerte, por todo el tiempo comprendido entre la fecha del
óbito y el día en que su hijo cumpla .... años, de Don
.... y Doña ...., actuando conjuntamente o el
que de ellos sobreviviera; proveyéndoles de cuantas facultades sean nece-

sarias o simplemente útiles para la administración del patrimonio relicto por el testador, de cuyas rentas facilitarán los administradores las sumas convenientes para la manutención y educación del heredero en el supuesto de que conviviese con su madre.

4.º Prohíbe expresamente toda intervención judicial en su herencia y, a tal efecto, nombra cautelarmente a los nombrados Don .... y Doña ...., con actuación conjunta o de sólo el que sobreviva, albaceas universales, provistos incluso de facultades de disposición, para el caso de que su esposa pretendiera instar la testamentaria del testador.

Esta es su última y deliberada voluntad, que quiere valga como testamento, y al efecto revoca cuantas disposiciones testamentarias haya ordenado hasta la fecha.

Así lo otorga el señor compareciente, siendo las ....
Leo en alta voz este testamento al compareciente, porque no ha usado del derecho que a hacerlo por sí mismo le asiste, según le he advertido. Enterado de su contenido, el testador se afirma y ratifica en él, por ser expresión de su voluntad, y firma.
De la unidad de acto; de que en él se han guardado las formas y solemnidades legales; del conocimiento del testador, y en general, de cuanto se contiene en este testamento, extendido en .... folios de papel timbrado para uso exclusivo notarial, números .... y el del presente, yo, el Notario, doy fe.

Se ha dado lectura a este testamento de conformidad con el artículo 193 del Reglamento Notarial. El compareciente se ratifica y no firma conmigo, el Notario, por decir no saber hacerlo, por lo que en su nombre y a su ruego lo hace el primero de los testigos que por tal motivo concurren a este acto Doña .... y Don ...., mayores de edad, y sin impedimento legal para serlo, según aseguran y resulta de sus manifestaciones. Testigos que ven, oyen y entienden al compareciente, el cual estampa su huella digital del dedo índice de la mano derecha. De todo cuanto se contiene en este instrumento público, extendido en..........
....

Número ......

ACEPTACIÓN DE HERENCIA

En ...., a .... de .... de ....
Ante mí, ..., Notario, con residencia en esta ciudad

COMPARECE

Don ...., mayor de edad, soltero, ingeniero informático, vecino de ...., titular del DNI número ....
Le identifico por el documento de identidad exhibido, cuyos datos son conformes.

INTERVIENE en su propio nombre y derecho.

Le juzgo con capacidad legal suficiente para formalizar la presente escritura de ACEPTACIÓN DE HERENCIA y

EXPONE

1.º Que Don ...., de vecindad civil foral ...., falleció en ...., de donde era vecino, el día ...., en estado civil de soltero y careciendo de descendientes.

2.º Que dicho causante otorgó su último y válido testamento en ...., el día ...., ante el Notario de aquella ciudad, ...

3.º Que en dicho testamento se dispuso lo siguiente, sin que en lo omitido haya nada que condicione, modifique o desvirtúe lo aquí reproducido:

«PRIMERO.– Instituye heredero universal a Don ...., y para el supuesto de premorencia, comorencia o cualquier otra causa que

le impidiera heredar, nombra herederas a Doña .... y Doña
........................, en la proporción de la mitad cada una de ellas».

4.º Que, en virtud de lo expuesto,

DISPONE

PRIMERO. Don .... acepta pura y simplemente y, por ello
SE ADJUDICA en plena propiedad la herencia causada por Don
.... y que se halla constituida por la cantidad en metálico de
.... euros.

SEGUNDO. El aquí compareciente se compromete a adicionar cualesquiera bienes que, en el futuro, pudieran aparecer como formando parte del caudal relicto de Don ....

ASÍ LO OTORGA el compareciente, a quien hago las advertencias legales, y en especial las de la legislación fiscal vigente.

Y leída al mismo la presente escritura, a su elección, después de advertirle del derecho que tienen a hacerlo por sí, que no usa, se ratifica y firma en este instrumento público, extendido en .... folios de papel de timbre del Estado, exclusivos para documentos notariales, serie ...., números .... y el del presente. Sigue la firma del compareciente. Signado: .... Rubricado y sellado.

ACEPTACIÓN DE HERENCIA A BENEFICIO DE INVENTARIO

En ...., a .... de .... de ....
Ante mí, ..., Notario, con residencia en esta ciudad

COMPARECE

Don ...., mayor de edad, soltero, ingeniero informático, vecino de ...., titular del DNI número ....
Le identifico por el documento de identidad exhibido, cuyos datos son conformes.

INTERVIENE en su propio nombre y derecho.

Le juzgo con capacidad legal suficiente para formalizar la presente escritura de ACEPTACIÓN DE HERENCIA y

EXPONE

1.º. Que Don ...., de vecindad civil foral ...., falleció en ...., de donde era vecino, el día ...., en estado civil de soltero y careciendo de descendientes.

2.º. Que dicho causante otorgó su último y válido testamento en ...., el día ...., ante el Notario de aquella ciudad, ...

3.º. Que en dicho testamento se dispuso lo siguiente, sin que en lo omitido haya nada que condicione, modifique o desvirtúe lo aquí reproducido:

«PRIMERO.– Instituye heredero universal a Don ...., en todos sus bienes presentes y futuros».

4.º.– Que, en virtud de lo expuesto,

DISPONE

PRIMERO. Don .... acepta la herencia a beneficio de inventario, y, por ello, SE ADJUDICA, ad cautelam, sin perjuicio del inventario final del patrimonio del causante, en plena propiedad la herencia causada por Don .... y que se halla constituida por el negocio sito en ...., identificado como ...., dedicado a la compraventa de ....

SEGUNDO. El aquí compareciente se compromete a adicionar cualesquiera bienes que, en el futuro, pudieran aparecer como parte del caudal relicto de Don ....

ASÍ LO OTORGA el compareciente, a quien hago las advertencias legales, y en especial las de la legislación fiscal vigente.

Y leída al mismo la presente escritura, a su elección, después de advertirle del derecho que tiene a hacerlo por sí, que no usa, se ratifica y firma en este instrumento público, extendido en .... folios de papel de timbre del Estado, exclusivos para documentos notariales, serie ...., números .... y el del presente. Sigue la firma del compareciente. Signado: .... Rubricado y sellado.

Glosario

Aceptación a beneficio de inventario. El heredero acepta la herencia a beneficio de inventario para separar su patrimonio del patrimonio del causante, y evitar de esta forma que las deudas que pudiera tener el sucesor puedan comprometer el patrimonio particular del heredero.

Adjudicación. Es la última etapa de la operación particional de la herencia, que conlleva adjudicar a cada heredero el lote que le corresponde.

Albacea. Es la persona, nombrada por el testador, encargada de ejecutar y vigilar el cumplimiento del testamento, asumiendo otros cometidos como son el entierro, administración de la herencia, llevar a cabo la partición, etc.

Autoliquidación. Facultad que la ley reconoce al heredero de hacer él mismo el cálculo de lo que le corresponde pagar por el impuesto sobre sucesiones.

Durante los cinco años posteriores, la Administración tiene el derecho de comprobarla.

Avalúo. Es el valor que se otorga a cada uno de los bienes y derechos inventariados.

Capitulaciones matrimoniales. Concierto que hacen los futuros esposos sobre el régimen económico de la sociedad conyugal, y que autorizan en escritura pública.

Caudal relicto. Patrimonio del causante objeto de la herencia.

Causante. Difunto o persona que ha fallecido.

Colación. Es cuando se agrega un bien a la masa hereditaria en el momento en que alguno de los coherederos legitimarios que concurre a la partición, cualquiera que sea la forma en que esta se practique, ha recibido del causante y en vida de este, bienes a título gratuito (donaciones).

Comunidad hereditaria. Cuando son varios los herederos llamados a suceder, y estos aceptan la herencia, constituyen la comunidad hereditaria, de la que cada coheredero es titular en la parte que le corresponda.

Delación. Facultad de los llamados a la sucesión a aceptar o repudiar la herencia.

Derecho de representación. Es el supuesto en que el padre ha dejado testamento a favor de sus hijos, y uno de estos le premuere, dejando a su vez hijos (nietos del causante), los cuales no quedarán preteridos, porque ocuparán, por derecho de representación, el puesto de su padre, premuerto al testador.

Desheredación. El Código Civil establece que la desheredación es la disposición testamentaria por la que el causante priva al legitimario de su carácter de tal y de su porción legitimaria, en virtud de las causas establecidas taxativamente por la ley.

Filiación. Es el vínculo que une un hijo con sus padres. Cabe distinguir la filiación matrimonial y la filiación no matrimonial.

Heredero. Es el sucesor o derechohabiente del fallecido que, a título universal, es el destinatario de todo o parte del patrimonio relicto; por ello el heredero es denominado también sucesor universal.

Heredero forzoso. Son los herederos nombrados por la ley, que tienen derecho a percibir del causante la legítima: estos son, en primer término, los hijos y descendientes respecto a sus padres y ascendientes; en segundo lugar y a falta de los anteriores, los padres y ascendientes respecto de sus hijos y descendientes; y por último, el viudo o viuda del causante.

Herencia. Es el objeto de la sucesión mortis causa, que abarca todo el patrimonio del causante, esto es, todos los bienes y derechos.

Inter vivos. Donación o transmisión que ha de tener efecto en vida de quien la hace.

Inventario. Es la relación de bienes y derechos que configuran la herencia, que deberán ser descritos para identificarlos.

Jurisprudencia. Es una expresión que proviene del latín ius, y significa conocimiento del derecho. La jurisprudencia es fuente de derecho y es considerada como tal, cuando los jueces, en especial el Tribunal Supremo, dictan un número determinado de sentencias y resoluciones en un mismo sentido para casos equivalentes, y se dice que existe doctrina legal sobre la materia en cuestión.

Legado. Es el bien particular, integrado en el patrimonio relicto, que debe ser pagado o entregado al legatario antes de partirse la herencia, pero después de haberse pagado las deudas y las legítimas.

Legítima. Es el derecho atribuido a los parientes más próximos del causante para obtener una parte del haber hereditario o patrimonio relicto, con preferencia a cualquier otro derechohabiente (heredero o legatario). La legítima se compone de la legítima estricta (un tercio) y de la legítima larga o tercio de mejora (dos tercios). Si el testador no hace uso de su facultad de mejorar, el tercio de legítima estricta y el tercio de mejora se refunden en un solo cuerpo, que constituye la legítima larga, que sólo puede destinarse a los legitimarios por línea recta descendente y no en el resto de los casos.

Liquidación. Es la división y partición de los bienes por partes iguales para cada uno de los herederos, formándose los lotes.

151

Mejora. Es la mitad de la legítima, y por tanto, un tercio del haber hereditario del que los padres pueden disponer libremente siempre que sea en beneficio de sus hijos, descendientes por actos inter vivos o por testamento. En consecuencia, la libertad de testar tiene dos límites: un tercio intangible de legítima estricta y un tercio de mejora disponible con libertad restringida puesto que sólo puede beneficiar a hijos o descendientes. El tercio de mejora no puede ir destinado a extraños.

Mortis causa. Donación o transmisión que ha de tener efecto después de la muerte de quien la hace.

Partición. Es el acto consistente en dividir la herencia cuando existe más de un heredero, cesando de esta forma con la comunidad hereditaria. Mediante la partición, cada coheredero ve transformado su derecho abstracto sobre el patrimonio relicto en la propiedad independiente e individualizada sobre bienes concretos de la herencia.

Paternidad. Es la condición de padre respecto a los hijos.

Patria potestad. Es aquella autoridad a la que están sometidos los hijos y que corresponde a los padres con el fin de protegerlos y ampararlos, hasta que no lleguen a la mayoría de edad o se hayan emancipado.

Prelegado. Es el legado dispuesto en favor del heredero. Es decir, cuando el legado se atribuye a una persona que ya está nombrada heredera por el mismo causante.

Preterición. La preterición es la omisión de un legitimario en el testamento, sin que el mismo haya recibido atribución alguna en concepto de legítima.

Preterición errónea. Es la omisión de un legitimario en el testamento por parte del testador de forma no intencionada.

Preterición intencional. Es la omisión de un legitimario en el testamento por parte del testador de forma intencionada.

Repudiación. El llamamiento legal o delación hereditaria otorga al llamado la facultad de aceptar o de repudiar la herencia.

Sucesión abintestato o intestada. Es la sucesión que resulta cuando el causante no ha dejado testamento y será de aplicación lo que dispone la ley.

Sucesión particular. Es la sucesión que tiene lugar a favor del legatario en la medida que sucede a título particular, es decir, adquiere un bien concreto y determinado del causante.

Sucesión universal. Tiene lugar cuando el heredero sucede al causante en todos sus bienes y derechos.

Sucesión voluntaria o testamentaria. Es la sucesión que tiene lugar como consecuencia de la voluntad del causante mediante testamento.

Sustitución fideicomisaria. Es la disposición de última voluntad por la que el testador (fideicomitente), después de designar al heredero que lo será en primer lugar (heredero fiduciario), nombra a otro u otros (herederos fideicomisarios) que recibirán de aquel la herencia que le transmitió el testador. Por lo tanto, existe un llamamiento múltiple o de varios herederos, pero en orden sucesivo; primero heredará uno y luego el otro.

Sustitución vulgar. Es la disposición de última voluntad por la que el testador, después de instituir heredero, señala qué persona le sucederá como heredero sustituto en caso de que el heredero instituido no llegara a sucederle como tal. Cabe la posibilidad que el testador nombre a varios sustitutos, de tal forma que el causante prefiere señalar, para el caso que falte el heredero designado por él, los otros que le sucederán, en lugar de dejar que se produzca el acrecimiento, o en caso se tuviera que acudir a la sucesión intestada.

Testamento. Acto jurídico unilateral que realiza una persona para manifestar su voluntad cuando haya fallecido, y especialmente para determinar el destino del patrimonio que deje al morir.

Testamento abierto. Es el testamento común otorgado ante el notario con las solemnidades exigidas por la ley. El testamento es redactado por un notario siguiendo las instrucciones del testador, y queda incorporado inmediatamente en el protocolo del notario autorizante.

Testamento cerrado. Es el testamento otorgado por una persona, que sin estar obligada a dar a conocer el contenido del mismo, entrega por escrito a un notario y ante testigos para que sea metido en un sobre o plica, que se cierra y sella por el notario. Al fallecer el testador, deberá abrirse el sobre por la autoridad competente, dando lectura del testamento.

Testamento marítimo. Es un testamento especial otorgado por cualquiera de las personas que vayan a bordo de un buque español y mientras dura la travesía. Cabe distinguir el testamento marítimo ordinario del extraordinario, que es el otorgado en alta mar cuando existe peligro de naufragio, de palabra y ante dos testigos. Si el buque es de guerra, el testamento ha de ser autorizado por el comandante.

Testamento militar. Es un testamento especial, otorgado por el testador en tiempo de guerra, siempre y cuando se encuentren en campaña o en situación semejante de actividad bélica.

Testamento hológrafo. Es el testamento otorgado por escrito por el testador siempre que todo el documento se halle escrito enteramente y firmado de puño y letra por el causante. Es una de las clases de testamentos comunes, puesto que puede utilizarse por el testador en circunstancias normales. Después del fallecimiento del testador, el documento hológrafo ha de pasar de documento privado a documento público, para lo que será presentado a la autoridad judicial competente.

Testamento otorgado en país extranjero. El ciudadano español puede otorgar testamento fuera de España utilizando cualquiera de las formas válidas según las leyes del país en que se encuentre; pero la capacidad del testador y la validez de las disposiciones testamentarias se regirán por la ley española. También cabe la posibilidad de acudir ante un agente diplomático o consular español competente.

Testamentos extraordinarios. Son aquellos testamentos que se contraponen a los testamentos comunes ordinarios con motivo de las circunstancias excepcionales que concurren en el momento del otorgamiento, como son el testamento en caso de epidemia o el testamento en inminente peligro de muerte.

Vocación. Llamamiento a la sucesión hereditaria.

Índice analítico

aceptación a beneficio de inventario, 80, 149
— de la herencia, 24-26, 28, 29, 39, 60
acto particional, 33
adjudicación, 19, 25, 31, 34, 38, 39, 117, 149
adquisición de la herencia, 16, 24, 39, 64
albacea, 28, 33, 60, 79, 149
apertura de la sucesión, 16, 19, 20, 34, 39, 120
autoliquidación, 123, 129, 130, 149
avalúo, 33, 34, 39, 149
base imponible, 122-127, 130
— liquidable, 126, 128
capitulaciones matrimoniales, 97, 149
caudal relicto, 16, 34, 37, 76, 120, 130, 146, 148, 150
colación, 31, 33, 35-39, 87, 150
comunidad hereditaria, 31, 32, 35, 150, 152
condición, 9, 16, 19, 24, 58, 59, 61, 62-65, 76, 79, 80, 85, 86, 89, 99, 109, 128, 129, 152

cuota tributaria, 128
deducciones, 67, 124, 128
delación, 16, 20, 38-40, 68, 110, 150, 153
— de la herencia, 38, 39, 68
derecho de representación, 91, 101, 102, 105, 111-113, 138, 150
desheredación, 102-106, 150
evicción, 35
filiación, 85, 112, 114, 150
hecho imponible, 122
heredero forzoso, 36, 81, 88, 89, 95, 97, 99-101, 150
inventario, 24, 26, 28, 29, 33, 34, 39, 59, 60, 80, 119, 120, 131, 147-149, 151
jurisprudencia, 33, 42, 44, 54, 55, 60, 67, 151
liquidación, 25, 31, 33, 34, 39, 78, 120, 129, 130, 151
— del impuesto, 25, 130
modo, 13, 21, 25, 27, 32, 33, 45, 59, 61, 62, 64-66, 69, 71, 79, 86, 89, 91, 96, 98, 105, 108, 110, 123, 125, 129

partición, 31-37, 39, 62, 78, 88, 98, 149-152
paternidad, 100, 152
patria potestad, 15, 26, 103, 104, 152
prelegado, 70, 152
preterición, 99-101, 106, 152
— errónea, 101, 152
— intencional, 101, 106, 152
repudiación, 13, 23-25, 27, 28, 39, 53, 98, 107, 153
saneamiento, 35
solemnidades, 43, 57, 136, 138, 140, 142, 144, 154
sucesión abintestato o intestada, 16, 153
— particular, 17, 153
— universal, 17, 108, 153
— voluntaria o testamentaria, 16, 17, 153
sustitución ejemplar, 68, 69

— pupilar, 67, 68, 69
— vulgar, 39, 65, 66, 135, 137, 139, 141-143, 153
tarifa del impuesto, 128
término, 61, 63, 64, 129, 150
testamento abierto, 45-47, 51, 56, 57, 137, 139, 141, 143, 154
— — del ciego, 46
— — del sordo, 46
— — en peligro de muerte, 47
— — en tiempo de epidemia, 45, 48, 56, 57
— cerrado, 48-50, 58, 154
— hológrafo, 43-45, 52, 54, 56, 75, 154
— marítimo, 51, 52, 56, 154
— militar, 50, 52, 56, 57, 154
— otorgado en país extranjero, 51, 154
testamentos especiales, 50
— extraordinarios, 155